# 貴金屬領航

實體黃金與白銀在通膨週期中的策略

ㄚㄒ白銀線上 連尉宏——著

> 目 錄 <

序 … 007

# 第 1 課　史上最大的投資機會：
被低估的白銀與黃金

### 第一節　你必須知道的事
我與阿姨的故事 … 010
川普教會我的事 … 013
運氣投資人 … 015
趨勢是什麼？ … 018
人類謎題 … 019

### 第二節　道金比：穩定的價值衡量指標
小島經濟學 … 020
夜晚的北極星 … 022
好好工作就可以退休 … 027
迴紋針換車子 … 030
驢子紅蘿蔔 … 034
策略總結 … 037

### 第三節　策略操作上的誤區
價格真空區 … 039
教猴子投資基金 … 042
策略搭配人性 … 044
我從定期定額學到的事 … 046
法人操作術 … 049

# 第 2 課　沙漏策略：讓你心安的方法才是好方法

### 第一節　小心不要被法人割韭菜
猴子套利術 … 054
法人 VS 散戶 … 055

### 第二節　利用分批進出操作
玩不會輸的遊戲 … 061
微笑曲線 … 062
金字塔式分批買入 … 064
先上車還是後補票 … 067
倒金字塔式分批賣出 … 068

# 第 3 課　實體貴金屬投資不簡單：明辨實體與虛擬交易成本，選擇最適合的品項

### 第一節　實體與虛擬投資差異
基金油水多 … 074
元大道瓊白銀 … 078
實體貴金屬 VS 虛擬貴金屬 … 081

### 第二節　實體黃金買賣
黃金買賣市場概述 … 088
黃金種類分重量純度 … 093
金章金幣金條 … 095
純度和重量標誌 … 097
普製、特殊加工、鑑定、古幣及溢價幣 … 098
黃金買賣結論 … 102

> 目　錄 <

**第三節** 實體白銀買賣
台灣實體白銀的市場歷史 ⋯ 104
白銀買賣市場概述 ⋯ 106
白銀種類分重量純度 ⋯ 109
普製幣 ⋯ 111
溢價幣 ⋯ 118
白銀買賣結論 ⋯ 121
吳國榮旋風 ⋯ 123

## 第 4 課　金銀基本面：黃金白銀供需你不可不知

**第一節** 供需狀況
黃金工業 VS 投資需求 ⋯ 126
白銀工業 VS 投資需求 ⋯ 128
2020 年 COMEX 危機 ⋯ 131
白銀生產成本 ⋯ 133
黃金生產成本 ⋯ 136

**第二節** 白銀工業大趨勢
太陽能趨勢 ⋯ 137
TOPCon 技術革新 ⋯ 141
電動車趨勢 ⋯ 144
AI 化與功能用電趨勢 ⋯ 145
電池大趨勢 ⋯ 146
白銀生產彈性 ⋯ 147
挖礦跟你想的不一樣 ⋯ 147

# 第 5 課 貨幣需求：為什麼錢的貶值成定局

## 第一節 過去貨幣簡史
貨幣必然貶值論 … 152
歷史典型（1）：羅馬帝國迪納利斯 … 153
歷史典型（2）：宋朝交子 … 156

## 第二節 現代貨幣制度
債務赤字與準備金制度 … 158
貨幣的生成 … 162

## 第三節 史上最大的債務危機
高齡化債務危機 … 167
美國公債危機 … 175
美國國會預算辦公室預算 … 183
通脹傳導 … 187
三波通脹 … 188

## 第四節 重複的總經週期
1970 至 1980 年代 … 191
超級報酬率 … 200
用 Shadow Government Statistics 通膨數據取代 CPI … 201

> 目　錄 <

# 第 6 課　我的交易哲學：在交易中求進步

**第一節** 心理素質
只要開始就會慢慢變厲害 … 208
記住歷史的教訓 … 209

**第二節** 投資哲學
王永慶四房論 … 214
控制論 … 215
真實購買力 … 216

**第三節** 下一段旅程
財富週期 … 219
再次交換 … 220
超主權儲備貨幣變更 … 221

# 結語

# 序

# 有史以來最大的爆富機會——黃金白銀

大家好,歡迎回到白銀線上!這是我在 YT 講過的最多一句話。也直接點出我是投資白銀的散戶投資者。為何會選擇白銀投資?說起來有很長一段故事。而提到白銀之前,可以談談過往慘痛的歷史,畢竟正確的道路往往都藉由失敗砌築而成,沒有失敗哪來成功!也告訴大家我就是土法煉鋼的投資者。

2024 年正在貴金屬週期上相當重要的時間點,未來將替投資人賺取至少近 10 倍以上的報酬率!

1970 至 1980 年代貴金屬週期,**黃金白銀上漲 20 倍以上**,房地產只跟著貨幣增發同等上漲 1 倍多,股市則是持平不變(報酬率 0%)。如果想知道如何看本書達到報酬率 10 倍以上,實際上我們必須從很多地方慢慢論述,數倍報酬達成的原因和可能性。因此希望讀者一定要按照本書章節閱讀,否則跳過一個章節跑到下一個章節可能會一知半解!無法理解未來這種 10 倍以上的報酬率是怎麼達到的。

本書會論述:

黃金至少會達到 20,000 美元一盎司的可能。
白銀至少會 1,000 美元一盎司的可能。

而目前黃金 2,600 美元,白銀僅僅 31 美元,在資產交換比率估價上,我們正在有史以來最好的機會!

# 1

# 第 1 課
# 史上最大的投資機會：
## 被低估的白銀與黃金

## 第一節

# 你必須知道的事

### ▶ 我與阿姨的故事 ◀

在過去台灣的經濟，不知你是否覺得我們生活越過越好？日子蒸蒸日上，大家越來越有錢，有錢又有閒？相信這個答案大多數都是：NO。試想我們上一輩，一個人可以養活整個家庭，我們這一輩兩個人養一個家庭，下一代兩個人可能只能養自己。在時代洪流中，我們正在陷入**下流老人**的問題。

---

下流老人一詞是日本社會學者藤田孝典於其 2015 年著作《**下流老人：一億総老後崩壊の衝撃**》中所提出的。大意為日本近年來出現了大量過著中下階層生活的老人，年金制度即將崩壞、長期照護缺乏人力、高齡醫療缺乏品質、照護條件日益提高、老人居住困難，而且未來會只增不減，若政府不提出有效政策，可能出現「1 億人的老後崩壞」。

---

意思是我們只要持續過生活而沒有動作，遲早我們都會成為新的**下流老人**。但問題是為何我們就該成為下流老人？為何我們不能好好地退休？為何我們不能過更好的生活？為何我們一定要投資？難道不能有個機會逆轉勝，在未來實現我們的夢想嗎？

我得告訴你，這些在閱讀本書後絕對可以做到！投資績效還會比其他人更出色！但在這之前要先懂我與阿姨的故事（這作者好像越來越奇怪了）。

故事發生在我投資不動產時遇到的事情。投資不動產時常常遇到很多形形色色的人，其中一位讓我印象深刻的是一棟大樓的主委阿姨。當時之所以會買這棟大樓當然不是因為這位阿姨啦！等等我家庭婚變😂。當時建物內公設看起來有整理，只有室內像燒炭（他天花板真的黑黑的）……我還是嘗試買下看看不動產投資到底可以賺多少。

後來才發現這個主委阿姨很誇張，怎麼每一個樓層都會看到她在帶房客看房！一聊才知道原來她在這邊也是投資大戶，該棟有好幾間在她手上。而我之所以會買到，也是因為當時這個賣方賣的市價是實價登入在這棟比較高的價格！如果低於市價，早就被她（身為主委接觸每一個屋主）在資訊上的優勢先買走，這時我上了一課：**資訊上擁有優勢的人更容易賺錢**。至此我印象她在這間有好幾棟，直到……我在另一棟又遇到她！！！

我問阿姨說：「主委，你在這邊也有？」
主委阿姨說：「對啊，這邊還有幾間，啊你怎麼在這？」
我說：「我最近又買一間在上面這邊 9 樓 2 號，最近在處理工程問題。」
主委阿姨說：「9 樓 2 號？你有照片嗎？我印象中之前好像是我買過的。」

經過一番交流後，對，只是看到她拿給我手機上的照片，發現真的以前是她的，因為跟她描述一模一樣。當下傻眼，我投資不動產不就都在幫人接盤抬價😂。但也對這位阿姨深深敬佩！到處都有房子。

後來我又在附近買了一間兩房，居然又遇到她，天啊，她是不是傳說的包租婆？人家說心裡破防大概就是這種感覺，當下跟她又

深入深入交流一番！😆

我問阿姨說：「主委，你怎麼到處都有？」（其實自己也到處亂買）

主委阿姨說：「啊就年輕時老公不爭氣，還要養孩子，所以出來投資不動產。」

我說：「你本業做啥？不動產包租婆？」

主委阿姨說：「都在開計程車，有時候會載一些外勞。但現在我手上賣很多掉了，以前更多間。」（心想：現在就這樣，以前到底多誇張！）

主委阿姨接著說：「現在沒有很多的原因是因為給小孩們了，三個小孩一人三百萬，所以賣了很多間掉。」

我說：「哇……那你到底是開計程車賺錢，還是投資不動產賺錢？」（心想是不是要穿上：阿姨我不想努力了的衣服。當然我是說當她小孩拿三百萬也不錯😆）

主委阿姨說：「我也覺得很奇怪，投資套房這些比本業賺更多錢！」

此時我又震撼地上了一課：**選擇比努力重要。**

實際上她不懂貨幣學或金融學，選擇了對的事情，跟上對的趨勢，所以賺大錢。但我細想，一般人有辦法跟她一樣，每個人運氣都這麼好，剛好在對的時間做對的事情，然後也不知道其中原理，就賺到大錢？想當然，這絕對是少數！如果一開始你就知道該怎麼做，然後好好地把它做完，我相信你會賺的比她更多，因為她都沒貸款，不知道如何活用槓桿創造更大財富！

不過我當時知道。所以我買到第五個案子時，盡量使用最大貸款，還增貸把初期本金拿出來，盡可能讓房客去繳貸款。因此她對我這麼年輕可以買這麼多間也是另眼相看（當然不是奇怪的意思）。

012　第 1 課：史上最大的投資機會：被低估的白銀與黃金

結果重點就是，我知道我們環境發生了什麼，然後我確實也做對了什麼，自 2017 年以來我達成逆轉勝，賺到了好幾桶金（好幾百萬），累積了 8 位數資產，擺脫了當初一直大賠吃醬瓜的困境。如果你也是跟我以前一樣總是投資輸錢，那現在介紹阿姨給你，我真的覺得很適合。（我是說這個故事！）

## 〉川普教會我的事 〈

2020 年世界受到大流行病 COVID-19 影響，各地區都實施高強度的封鎖計畫，為了讓美國人免受失業之苦，時任總統川普啟動了人類歷史上最大的救助計畫：英雄法案，如下摘錄新聞：

今天，美國眾議院通過了修訂的《英雄法案》–眾議院第 1753 號決議。我們的組織支持《英雄法案》，並呼籲美國參議院通過該法案，要求總統簽署該法案，以使該法案所需的經濟救濟將在今年秋天送達美國人。

為了爭取總統和參議院的支持，眾議院通過了修訂的《英雄法案》，從該法案中的$3.4 萬億美元中減少了該法案中的援助金額，5 月通過的《英雄法案》今年達到$2.2 萬億。儘管如此，《英雄法案》仍保留了用於緩解飢餓和支持 COVID-19 大流行期間人類其他基本需求的投資。我們的組織感謝眾議院今天的投票以及眾議院議長南希·佩洛西的領導，感謝她對營養安全網的堅定支持，尤其是當我們在 COVID-19 公共衛生緊急事件期間面臨預防飢餓的艱鉅任務，並為包容和公正的恢復做準備時。我們特別感謝該法案為州和地方政府提供的直接靈活的救濟，聯邦醫療援助百分比（FMAP）資金的增加，補充營養援助計劃（SNAP）的一些臨時變更，包括 15%帶來的收益增加，擴大了失業保險援助範圍，並更新了直接付款，以確保將移民和大學生納入。

當時這個法案是為了救濟失去工作的美國人，可以在封鎖和失業的過程中得到美元救濟過生活。當時我看到這個法案時，覺得真的太扯了，居然不用工作也有錢拿，美國的財政政策居然已經荒謬到這種程度。另外重點是一般美國人收到的美元支票是超過當時自身的薪資收入！讓我不禁想，川普，我不想努力了……

美國政府大撒幣狀況下，聯邦準備理事會（之後簡稱聯準會）透過 QE4 來壓低利率，在危機時刻下，用低利率借錢發美元。當年貨幣數據居然一度達到 1 年 25％ 的貨幣年增率！

貨幣年增率 25％ 意思就是，當一個人體重 100 公斤，突然今年暴飲暴食，減肥失敗來到 125 公斤，一年增加體重 25％，這個人變得更胖更不健康了。貨幣年增率 25％ 就是這麼可怕的事情。假設過去到現在只有發行總量 100 元，今年因為 COVID-19 需求要一年內多發行 25 元，在貨幣總數量變成 125 元狀況下，請問物價不會有波動嗎？

媽呀，當下看到嚇死！

想當然什麼事都沒做，平白撒錢給每個人，就連巴菲特也可以領，那你看房價不會因為貨幣貶值而上漲嗎？

那當然是必然暴漲阿！

所以 2020 年我做了一件事情，就是趕快去買一間預售屋！就怕未來你慢點買就要賠上更多錢。因為當時已經有要買來自住的想法，在看到川普這樣搞事情後，知道當下就是該行動去訂一間以確保未來價格不變。而三年後的現在沒有人不承認我當時的眼光好，我買在 19 萬一坪，2024 年現在 32 萬 1 坪。靠川普亂印鈔，這當中的巨大的利潤轉移，從存錢的人身上到我身上……所以……

**選擇比努力重要，具備知識比選擇更重要！**

我再重複一次，如果你知道未來會怎麼變化，你會懂得該做什麼選擇，接著你的努力就會事半功倍。這一切很少因為運氣，而是我們知道未來大趨勢怎麼走。在正確的趨勢中，你就算沒有很努力一樣能賺到錢。在錯誤的趨勢中，你即使逆行向上，也有可能會被趨勢沖走，一敗塗地。這也是我一直想強調的**趨勢的重要性**。

未來，類似 2020 年的瘋狂撒幣還會一再上演，直到全球民眾知道緣由時，前面故事的阿姨已經賺到不少，也真的到時看到越高越扯的資產價格，努力的動力也沒有了。因為當下已經被收割了。但反過來看，我也可以把你打造成下一個超級阿姨（超級投資人），讓別人因為你的績效不想努力了⋯⋯

## ▶ 運氣投資人 ◀

2017 年時我著手量化分析，研究如何將外匯市場的策略導入股票投資。當時我跟認識我的幾個朋友弄了一個投資群組，我提供策略，他們執行。而這個方法真的很簡單也很有效，但結果總是因人而異。這個策略方法超簡單：**挑一至兩個公司個股，定期定額買進，而得到的股利再投入**，結束。

當時讓我印象深刻的幾個例子：

1. 因為漲停換股的小明
2. 因為賺錢亂買的小陳
3. 遵守紀律賠錢的小莉

## ① 因為漲停換股的小明

當時小明也算是投資新手,剛開始也是按照紀律默默買進,但有時候還會忘記買😅。那時我幫他挑了一檔股票至今讓我印象深刻:台船。台船的特色就是背後有政府的注資,算是半公營企業。而該股票也剛經歷減資,正在進行財務整理,算是有心要處理企業爛帳。但因為股利不是很穩定,所以當時台船是挑了兩檔的其中一檔。

後來某天爆量,我跟他說爆量第一天不要賣,因為散戶在盤整區間壓抑久了,最容易賣在此時。後來三根漲停打開後,做賣出。定期定額一個月只有買入 5,000 元的個股瞬間賺了 10 幾萬……

而最近我聽說他不小心多買了一間房子,然後意外又脫手賺了些錢。讓我體會到有些人真的在**剛好的時間點作對的事情賺到錢**……

## ② 因為賺錢亂買的小陳

小陳也是一位投資股市新手,因為個性上比較沉穩,當時挑了盛弘,印象就是一檔財務分析上不錯的股票,負債比比較低,但其他已經沒啥印象了😅。三年月投入 1 萬,共約 40 幾萬本金,賣出時,賺了近 20 萬。

而為何要賣,主要當初是因為 2020 年白銀市場巨大跌殺,經過分析我幾乎 ALL IN 在實體白銀投資,所以股票的部分就關群。小陳在其中正好是賺錢的,所以他就直接出售。

後來某天他急著找我,他跟我說,他買了一檔生技股,然後現在股價有點慘淡,該怎麼辦?後來我問他買進理由:**因為歷史股價有到 300 元,所以他覺得跌到 120 元可以買,想 180 元賣出。**

當下傻眼貓咪狀態，連公司是生技股到底是有啥利多都不清楚，就單純對賭價格這樣！而在看了財務報表後，認定這檔是高風險股票，當下要他跌破 100 就停損。後來他也真的停損，該股票也跌到 50 幾⋯⋯

小陳的例子讓我體會到一個投資新手在初期賺錢不知道原因的話，後面往往是悲劇。所以**新手賺錢必須知道原因，否則會流於運氣博弈**。

### ③ 遵守紀律賠錢的小莉

小莉是其中讓我印象最深刻的一位投資人，個性極其沉穩，從不需要人提醒是否有照時間每月買入，所有人之中我對她的紀律性印象深刻。但當時她所挑的股票：正新，剛好在長空下跌段。從財務比率分析此檔股票負債比低，槓桿部分的風險不高，所以當時覺得這檔實業不錯，又有低槓桿型的財務體質，所以評估為不錯的標的。

後來這檔股票一路走跌，三年股價從 70 幾元買到 30 幾元，報酬率 -20%，帳面虧損為 17 萬。她的故事告訴我：**在錯的時間點作對的事情（紀律買入）賠到錢也是可能的狀況**。

在過往投資歷史，除了自己所踩過的雷以外，之所以跟你說明了這三位投資者，說明了投資賺錢確實不是容易的事情。除了新手運賺錢後不明白其原理導致賠錢外，在**對的時間點做對的事情並堅守紀律**是你我都必須學會的事。而所有賺大錢的前提都是：**我們必須學習了解趨勢**。

## 〉 趨勢是什麼？ 〈

在我開始分享相關的投資心得時，常常會遇到很多新手，而有些人確實跟我不在同一個維度內。因為本書是為了讓新手慢慢建立起投資概念，進而掌握貴金屬大趨勢，所以有些概念有必要一一細論解釋。

有時禮拜日，我就會開車帶小孩出遠門旅遊。不知道你是否跟我一樣，大概開個幾小時就準備去夢周公？我甚至達成了，在台北開車，開到直接睡著，被後車喇叭叫醒，才解鎖自己真的開到一半會睡著的狀況😆！而趨勢實際上跟開車到高速公路一樣。

當趨勢上升時，就像你剛上交流道準備加速。
當趨勢見頂後，就像你看到前方有車禍堵塞，開閃黃燈減速。
當趨勢下降後，你閃過車禍，加速下交流道離開。

所以趨勢實際上就是速度呈現出來的狀況，它會有上升加速，減速，下降加速，在圖表上最後呈現倒 U 字形。此時很重要的觀念就是：**你必須知道你在何種趨勢內**。

古代航行時，夜晚只要星星被雲擋住了，要找到正確的方向就會十分困難，任由海水飄移。但辨明投資趨勢一樣需要星星導航，需要如高速公路上的路標，知道目前我們在哪裡！

假設你身為乘客在國道上醒來，看著路標數字你也能知道目前大約在哪，但在投資的路上，許多人並沒有明確的路標，只能按照眼睛行事。這種狀況實際上跟我在台北開車開到睡著沒兩樣，他們根本不知道趨勢，如同我開車很想睡覺，眼前景色朦朧，在南在北又怎麼可能知道！

所以我得一再強調，你的投資必須要有明確的路標或指引，這樣你才能知道你在何種趨勢上。

## ▶ 人類謎題 ◀

小時候四隻腳，長大兩隻腳，老了三隻腳是什麼動物？

這個猜謎真的滿簡單的，因為小時候常常聽到😆，答案就是人。人類的生老病死最能體現一個人生命週期。從出生至死亡為一個生命週期，所以**週期具有時間的概念，在一段時間內具有特定的型態**。

掌握週期好比你過馬路時，可以在綠燈的時候該快速通行，紅燈的時候停止並等待，什麼時候該做什麼會很清楚。所以投資上選擇正確的週期，對你在一段時間內該買進何種資產至關重要。

投資上的週期選擇也會大大影響你的報酬率。如果選擇過小的週期，那買進的次數變多不僅會增加交易成本，同時也會增加更多對趨勢的隨機性，在投資的道路上，很難長期一致地掌握好方向。因此在**週期的選擇上要夠大（稍後會說明）**，這樣在長期投資下，就能累積一大筆財富改變人生。

還記得下流老人嗎？在目前的金融環境下，越是不懂貨幣週期的人在未來無一倖免，只要躺著就會中槍！你我身邊大多數人必然都是下流老人候選人。要避開這個風險就有必要在投資上選擇宏觀週期切入投資！進入快車道狠狠甩開下流老人可能。

## 第二節

# 道金比：穩定的價值衡量指標

### ❯ 小島經濟學 ❮

從前有兩個小島，每個島上都有一個人，其中一個小島上是你，另一個是小連。小連島上專門生產麵包，你生產米飯，**雙方生產的數量一樣**，兩個人都超愛吃。有天大地震，將兩個與世隔絕的兩島震到靠近，這才發現對方的島上似乎也有美食存在，於是各自到對方的島想要交換手上的商品

第一天：一個麵包換一個米飯
第二天：小連覺得不公平，麵包被低估了，一個麵包換兩個米飯
第三天：你感覺被坑了，米飯被低估了，兩個麵包換一個米飯

兩人開始爭執不休，你也想知道到底怎樣交換才是公平的？

這時一艘前進梅莉號船經過，船上有個騙人布商人，他說：「我手上有很多銀幣，想跟你們買東西。」而你們平時雖然愛吃，但也都有存糧，於是開始一段時間就跟他交易換銀幣（兩人從來沒看過這啥美麗的圓形物）。但商人交換我們的食物，是依照他在另一個島的需求來決定收購價錢，而每次收購麵包和米飯數量都一樣，所以價格會浮動的。

第一次：小連拿到 10 枚銀幣，你拿到 15 枚銀幣。所以你們認為，食物按照貨幣數量，價格是麵包比上米飯是 2：3，第一次看起來是米飯比較有價值。

第二次：小連拿到 15 枚銀幣，你拿到 10 枚銀幣。所以你們認為，食物按照貨幣數量，價格是麵包比上米飯是 3：2，第二次看起來是麵包比較有價值。

第三次：商人沒有再回來了，於是小連和你發現，手上銀幣各自都是 25 枚，但銀幣不能吃，也不需要彼此兌換貨幣，於是決定以後麵包換米飯就是依照各自生產數量 1：1 直接兌換。

從這則故事可以看出，銀幣的多寡並不是主要影響**最後麵包和米飯交換比率**的主要原因，實際上是兩個商品的數量決定了兩個人在交換時的數量。所以銀幣雖然增加了，但是兩個人生產數量還是不變。這時真正的食物交換就不會有變動。

也就是說：**兩個人的真實財富是沒有受到貨幣數量多寡而改變的。**

**真正該被評估的財富是商品服務的數量，而非你持有多少法定貨幣（台幣、美元）。**

所以假設我們持有了越南盾 100 萬，到底是有多少財富呢？換算台幣只有 1,280 元左右，你就會覺得這樣能換到的東西實際上不多。100 萬越南盾不算是富有。此時我們再把時空拉到 50 年前，當時你可以用 1,280 台幣吃 640 碗陽春麵（當時一碗 2 元）！換算現在的陽春麵 50 元，50 年前的台幣 1,280 元實際上購買力代表現在 32,000 元！（640 碗 × 50 元 = 32,000 元）

所以只要透過法定貨幣，你會發現很難去評估一件事物的價值。但換成商品服務，你就能知道你到底是擁有多少財富。

因此**比率就是用來衡量兩件事物的價值**。在投資上，就是衡量兩個資產的價值。

> 夜晚的北極星 <

接下來我們在投資大海中航行就需要資產比率指引：**道瓊黃金比（道金比）**。

**道瓊黃金比＝道瓊工業指數÷黃金價格**

如圖一為道瓊工業指數，圖二為黃金美元價格。

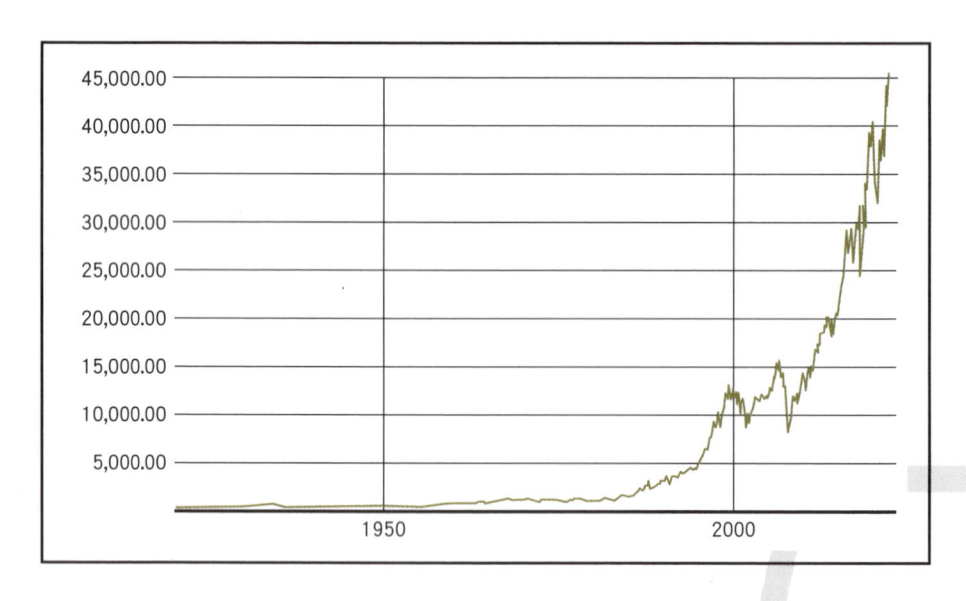

圖一：道瓊工業指數

資料來源：Macrotrends 網頁

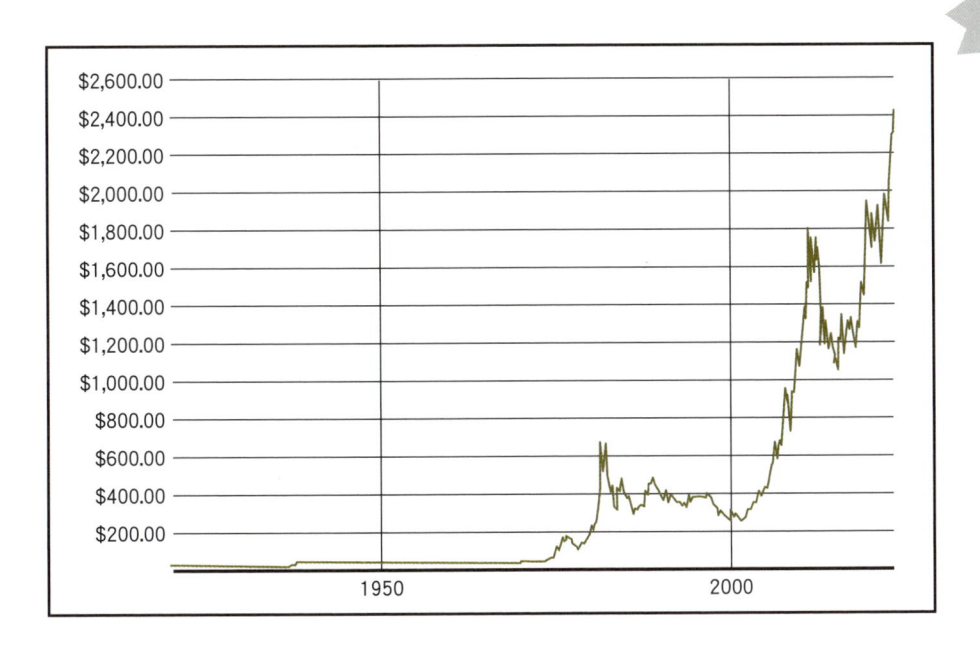

**圖二：黃金價格**

資料來源：Macrotrends 網頁

可以看到這兩張圖一百年來都是火箭升空的模式，因為用法定貨幣美元來衡量兩者，就只會永遠一直往上如陽春麵一樣。陽春麵還是陽春麵，只是台幣變多，所以台幣實際上相對陽春麵購買力貶值了（一樣的貨幣只能換到更少的陽春麵）。

這時我們再套用剛剛小島經濟學的交換比率，會出現百年的交換比率，就是道金比（如圖三）。可以發現百年來不會有火箭升空的問題。因為用來衡量的法定貨幣美元已經被交換比率的數學給消去了。這時就會提到前面的麵包換米飯，不會因為銀幣數量多寡影響了你所交換的比率。

**比率是資產價值衡量的良好指標。**

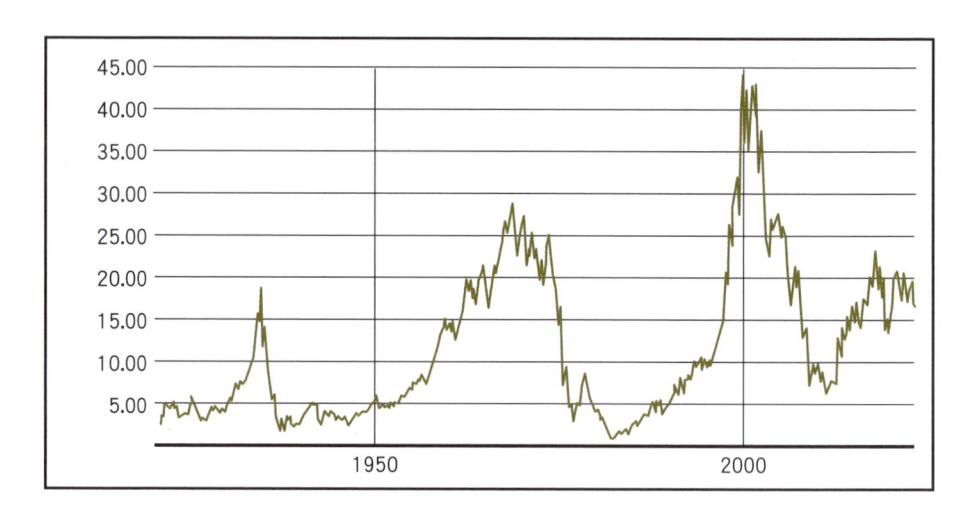

圖三：道金比

資料來源：Macrotrends 網頁

在價值區間內任何交換都不會有無限大或是無限小的狀況。就會呈現資產高估或低估的狀態，如小島經濟學裡呈現的，麵包跟米飯在某些時候會有其中一項被特別的高估或低估，而這個相除起來之後的圖形，就可以用來辨明我們應該在什麼時間點購買怎樣的資產，所以這時我們要劃分他的週期，可以看到道金比如圖四。

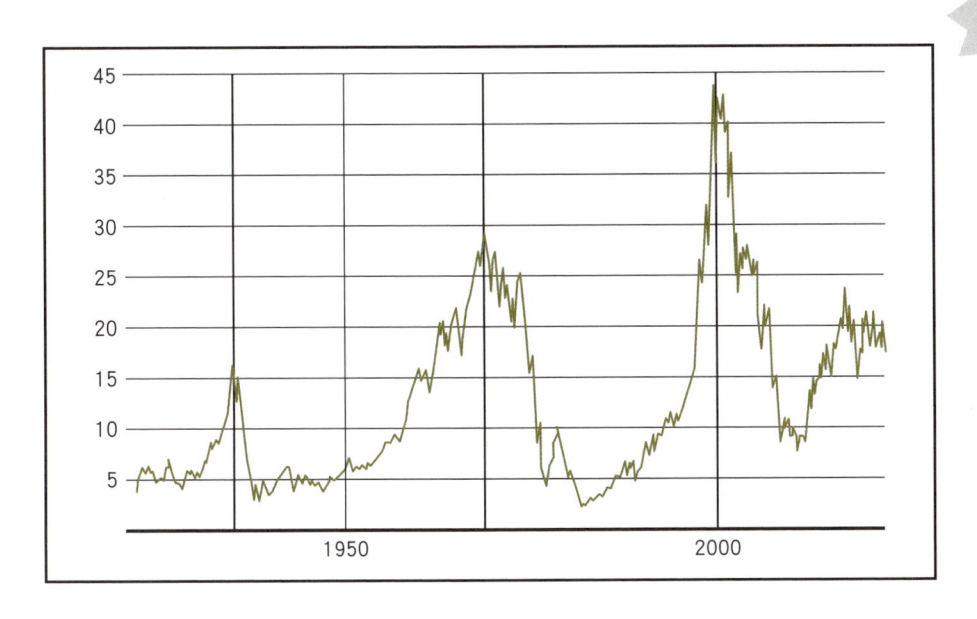

**圖四：道金比週期劃分**

資料來源：Macrotrends 網頁

可以看到它有 3 個週期，這 3 個週期分別是在 100 年內所發生的，那麼目前是處在第三週期，2000 年到現在進行中。而整個道金比在過去 100 年內它的平均數值是 8，所以目前本書在著作的時候我們是處在第三週期仍未結束，因為前兩次最低達到數值 2 以下（百年週期的低點），而目前 2024 年卻連百年均值 8 都尚未達到。

還記得前面陽春麵的故事嗎？這碗陽春麵應該在本書會被我們吃好幾次😆。50 年前的陽春麵是 2 塊錢，所以當時的 1,280 元，換算成現在的臺幣購買力是 32,000 元。藉由類似這樣的購買力回推，我們可以利用比率來計算出黃金目前的潛在價值。

2024 年的今天我們看到比率平均是在 16 上下，那百年來的道金比平均數值是 8，數值從 16 到 8，代表道瓊指數目前是 40,000 點，除上 8 會得到 5,000。這個 5,000 就代表黃金的**目前換算成美元的潛在購買力價值**。

2024 年 9 月的黃金價格在 2,600 美元一盎司，與 5,000 美元還有很大一段距離！而考慮到在百年來前 2 次週期，道金比都會低於 2。以此計算，黃金的美元價格就有 2 萬美元（1 盎司）的價值（40,000/2）！你說這是不是史上最大的投資機會呢？

記得，不要忘記！用比率算出來的價格，是會隨著時間有不同的數值，尤其是在貨幣每天都在增加的狀況下，未來黃金美元價格概算只能存在當下展現立即的時間價值。在時間改變後，陽春麵就會有 50 年前 2 元和現在 50 元的價格差異！！！所以實際上我投資貴金屬不會用固定價格來衡量價值，在未來都會隨著貨幣濫發的狀況下，在不同時間點呈現不同的估算價格！

**價格確定當下現值，交換比率呈現現在與歷史真實價值**

道金比百年圖表 QR 碼

## > 好好工作就可以退休 <

金本位制的起源追溯到 1816 年英國貨幣法的制定。英國率先完成工業革命，在當時擁有壓倒性經濟實力，以黃金為保證開始發行貨幣。1844 年，英國央行「英格蘭銀行」鑄造 1 鎊重的金幣，發行可與黃金兌換的紙幣。國家儲備與自身發行紙幣等額的黃金，保證紙幣與黃金的兌換（交換），這即金本位制。

英國金本位下，百年來無通貨膨脹，甚至還發生所謂的通貨緊縮，意指貨幣購買力上升，物價下跌。但到現在有遇過民生物資普遍跌價的狀況嗎？如果物價只會永遠上升，你存法定貨幣怎麼可能可以退休呢？你不冒風險去投資，要怎麼趕上物價呢？因此我們確實處在一個高通脹的環境下，物價永遠只會上漲，人人都必須工作到老死！不禁羨慕只要好好工作儲蓄，就可以退休的英國 19 世紀。

現在則按照好好存法定貨幣的規則，你認為在目前的世界，長久下來可以好好保持購買力嗎？如果你都知道不可能，那是不是我們手上的法定貨幣將面臨貶值的問題呢？不然怎會到一個人人都一定要學投資的世界？

科斯托蘭尼（André Kostolany），《一個投機者的告白》作者說過：

「有錢的人可以投機，
錢少的人不可以投機，
沒錢的人必須投機。」

所以大家幾乎都是沒錢的人、沒資產的人、光存法定貨幣無法確保明天的窮人。每個人被扣上好好工作就可以退休的美夢，努力賺台幣美元，當中還要必須投機賭博，到老才知道貨幣貶值概念，即使投資沒有虧錢也必然變成下流老人。

此時拿出一個證據來證明沒有通貨膨脹的世界是存在的，只是窮人必然透過法定貨幣被剝削。如圖五：銀油比。

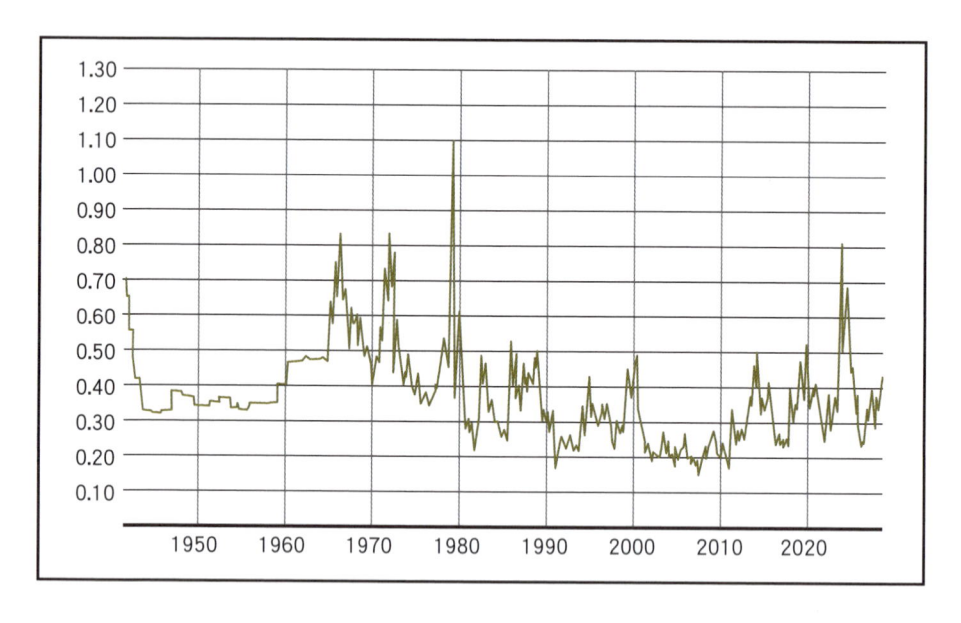

圖五：銀油比

資料來源：Macrotrends 網頁

銀油比就是白銀除上原油價格的比率，可以看到兩者一百年來的交換區間。不會看到通貨膨脹火箭升空的問題。法定貨幣與白銀這種古老貨幣相比，並不存在物價飛漲的現象。

但是只要你使用法定貨幣做價值儲存，政府就可以向你收取通貨膨脹稅，年復一年，用你珍貴的勞動所得，換取會貶值的貨幣。

但現在你知道黃金與白銀等貴金屬，保存了真實購買力。「**百年沒有通脹甚至物價下跌的世界**」就赤裸裸地呈現在你的眼前了！

知名財商作家，羅伯特・清崎（Robert Kiyosaki）第一本著作《窮爸爸富爸爸》，副標是：有錢人不為錢工作。實際上翻譯的人如果更懂他想表達的意思，實際上是：有錢人不為法定貨幣工作（**為了累積資產工作**）。

真正懂得規劃並退休的人，是將購買力放在資產，用辛苦存下來的所得買房買股買金銀，而非存在法定貨幣上。

所以你還記得那位主委阿姨包租婆嗎？試想，如果她是選擇買儲蓄險、定存或單純活存的話，你覺得她今天能每個兒子都給三百萬，自己還能有其他現金流安穩生活嗎？可能到現在她僅能溫飽，生活必定越過越緊縮，最後成為下流老人。

到此你已經知道，**有錢人的財務目標是買進資產，窮人則是累積負債**。而法定貨幣就是一種有毒負債，持有越久，越沒價值。

所以我的建議就是：

**好好工作累積資產，退休不是夢！**

至此你有沒有發現我已經幫大家解決了兩個問題？

**1.投資上需要的路標**：道金比
**2.好好退休不是夢**：在資產比率的世界沒有通脹

這時我還要幫你再解決下一個問題：**如何報酬極大化？**

## ❯ 迴紋針換房子 ❮

以物易物的資產比率觀念適用於現代，以下是迴紋針換房子的故事擷取。

一名 26 歲的蒙特婁男子似乎成功地用一根紅色回形針一直到了一棟房子。

經過近一年的時間和 14 次交易，凱爾・麥克唐納（Kyle MacDonald）在薩斯喀徹溫省吉卜林（Kipling）獲得了一棟兩層農舍，以在電影中擔任付費角色。

去年夏天，當麥克唐納決定住在一棟房子裡時，他開始了他的追求。他沒有工作，所以他沒有發布簡歷來找工作，而是看著辦公桌上的一個紅色回形針，決定在互聯網網站上進行交易。

他幾乎立刻就得到了溫哥華的一對年輕女子的回應，她們願意用一支看起來像魚的鋼筆來交換給他。

麥克唐納隨後用魚圈從西雅圖的一位陶藝家那裡換來了一個手工製作的門把手。

在麻薩諸塞州，麥克唐納用門把手換成了露營爐。他把爐子賣給了加州的一名美國海軍陸戰隊中士，換來了一台 100 瓦的發電機。

在紐約皇后區，他用發電機換成了「即時派對套件」——一個空桶和一個發光的百威啤酒標誌。

隨後，在蒙特婁電台主持人的幫助下，麥克唐納將小桶和標誌換成了一輛龐巴迪雪地摩托車。

他一直與搖滾明星愛麗絲·庫珀（Alice Cooper）進行了一個下午的物物交換，還得到了一個 KISS 雪花玻璃球，最後還得到了科賓·伯恩森（Corbin Bernsen）的一部名為《唐娜點播》（Donna on Demand）的電影中的付費角色。

「現在，我確信你腦海中浮現的第一個問題是，『為什麼柯賓·伯恩森會用電影中的角色來換取雪球？一個 KISS 雪球，』」麥克唐納在他的網站上説道，「一枚紅色迴形針。」

「嗯，科賓可以説是地球上最大的雪球收藏家之一。」

現在，薩斯喀徹溫省吉卜林鎮位於里賈納以東約兩小時車程，人口為 1,100 人，為麥克唐納提供了一座農舍，以換取電影中的角色。

麥克唐納和他的女朋友將於下週三飛往該鎮。

吉卜林市長帕特·傑克遜説：「我們將帶他們參觀房子，給他們房子的鑰匙，給他們城鎮的鑰匙，然後享受一些樂趣。」

鎮上將舉行電影角色競賽。

「世界各地的人們都説他們把迴形針夾在電腦頂部、桌子上或襯衫上，這證明一切皆有可能，我認為在某種程度上這是真的。」麥克唐納説。

麥克唐納的追求吸引了國際媒體的關注，他表示，這趟旅程比目標更令人興奮。

「這不是結束。這可能是這一段故事的結束，但這個故事將會繼續下去。」他説。

資料來源：CBC 新聞網

看了這則新聞，我猜你可能覺得這個人太扯了！但實際上透過以物易物的賺錢方式，就存在生活當中，只不過我們都被貨幣這個媒介給轉移了注意。如果除去了貨幣行為，實際上就跟迴紋針換房子沒有不同。

不知道你有沒有玩過三國志遊戲？

在遊戲裡可以到各個城池買賣商品。商品在各地的售價不同，存在所謂的價差。從 A 地到 B 地，B 地到 C 地透過轉賣商品就可以換取大量的金錢。這個概念跟以物易物賺取購買力行為是一樣的。因為在我們生活的世界裡，就是有人將他們認為低估的商品高價賣給你，中間的成本為買家吸收，購買力價差轉移給賣方。所以才會有商人這個職業，透過買進被低估的商品再高價賣出，最後完成迴紋針換房子，概念上殊途同歸。

**同樣的概念完全可以應用在黃金與白銀的交換上。**

這時我們來看貴金屬相當重要的一張圖：金銀比（gold silver ratio）如圖六。

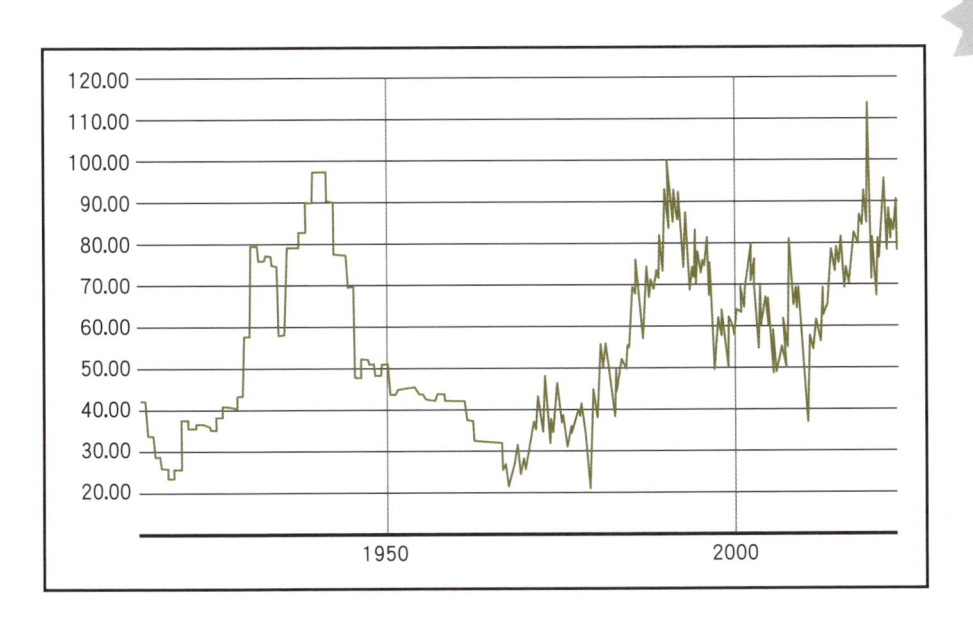

圖六：金銀比

資料來源：Macrotrends 網頁

金銀比＝黃金價格÷白銀價格

金銀比過去一百年來，不斷出現明顯的高估和低估的區間。我們現在已經透過資產比率消除貨幣的問題，此時我們看著圖表，可以思考如果按照以下作法…

| 次數 | 金銀比 | 買賣白銀 | 買賣黃金 |
|---|---|---|---|
| 1 | 20 |  | 買入 1oz |
| 2 | 80 | 換成 80oz ← | 賣出 1oz |
| 3 | 20 | 賣出 80oz → | 最後換成 4oz |

表一：金銀比區間交換

資料來源：作者提供

如表一，剛開始金銀比 20 時買黃金，在金銀比 80 時，白銀相對便宜（因為需要 80oz 白銀換 1oz 黃金）賣黃金買白銀，後來金銀比又回到 20 時賣白銀買黃金，可發現金銀比數值從 20 自 80 再到 20，一個週期結束時，你可以獲得更多實體黃金！但實際上，散戶都會反向而行！這時你可能會說，大家又不是白痴，怎麼可能會反著做！

> **驢子紅蘿蔔** <

我以前在外匯交易曾經用過最大 500 倍槓桿操作，對人性可以透過槓桿驅使到極端的情緒狀態非常了解，也是為何到了現在我仍能相較其他交易者克制自己的狀態：因為真的是從鬼門關來回不只一次。

在投資的世界裡，很多人都會被人性所教訓，連我自己也是。

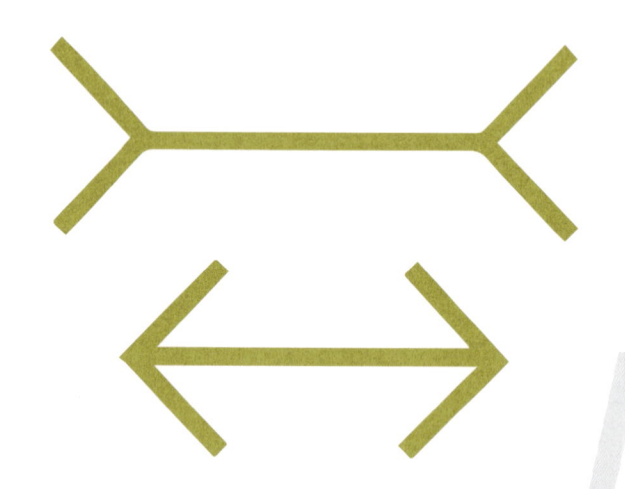

**圖七：視覺長度圖**

資料來源：科學人雜誌

圖七可以看到兩條線，此時問題來了，**哪一條線比較長**？多數的人第一次看到這個圖都會直接回答上面那一條線比較長，但實際上兩條一樣長，只是下面的線尾端向內。這就是所謂的視覺幻覺。這種幻覺透過貨幣就會存在資產選擇的判斷上。

以下就是一個例子：

黃金 1,900 美元，白銀 50 美元時你選擇？
黃金 1,900 美元，白銀 25 美元時你選擇？

當你看到兩個選擇時，自然會知道怎麼選擇（你已經了解金銀比概念），但在一般人的眼裡是因為貨幣價格走向相反的感覺，因為對散戶而言，**價格代表價值，所以價格越高代表越好。**

以下是我曾經經歷過的故事之一，去購買一位大哥手上的現貨白銀，他從套房裡拿出了許多品項不同的白銀賣給我，在返程時，語意深長地當時告訴我一些話：「我不懂 2011 年黃金價格為 1,900 美元，白銀 50 美元，為何現在黃金 1,900 美元，白銀只有 25 美元。」當下我立即明白了一件事：這位大哥不懂金銀比！還花了十年去驗證了一個他一生都學習不到的知識。真的太可怕了⋯⋯

所以有發現了嗎？

這位大哥在金銀比 80 時賣了被低估的商品，因為近十年白銀價格相對黃金表現更差。

**人們傾向持有價格較貴的資產而非被低估的資產，這是貨幣幻覺。**

2011 年金銀比一度達到 31.6，如果你懂金銀比，即便購買，也會選擇黃金而非白銀。因此：**他花了十年仍然不懂他到底犯了什麼錯**。這就是知識的力量。在金銀比 80 左右，每當有人問我他想要投資黃金，我都會跟她說可以多買白銀！因為金銀比在交換價值區間的高檔，未來一定會下滑，下滑之後會換得更多數量的黃金！

另一個透過金銀比賺錢的故事，就是在 2020 年時，金銀比數值一度達到 110，當時我確認了金銀比在百年來數值最高是 120 時，當下驚訝到此時正是百年來一遇的投資機會！當下將實體黃金全數賣出轉成實體白銀，後來金銀比到 80。如果黃金價格不變，白銀會相對黃金多出 37.5％的報酬率。（例如黃金 2,200 美元，白銀 20 美元，金銀比 110。）這時黃金價格不動，白銀上漲到 27.5 美元，此時金銀比為 80，白銀就會相較 20 美元時多出 37.5％報酬率。

**憑藉金銀交換，我沒有多花一毛錢就多賺 37.5％**

換成價格思考，在金銀比數值 110 轉化的歷史當下，黃金價格是 1,700 美元，白銀是 15.45 美元。此時賣出**高價**黃金，買入**低價**白銀，我相信旁人只會當我是傻子。因為在此之前，黃金跑贏白銀更多報酬率，那為何要買入垃圾價格的白銀？

後來短短兩個月我就見證奇蹟，黃金自 1,700 漲至 1,900，白銀 30 美元……金銀比數值 63.33……

因此到這邊我又解決了一個問題：**如何報酬極大化？**

**答：透過資產比率買入週期裡被低估的資產**

但記住了，如果你看了本書始終不想運用比率，記得那位套房的大哥，和記得以下這張圖：

**圖八：驢子紅蘿蔔**

資料來源：網路

散戶就像**驢子追逐被高估的紅蘿蔔**，看得到吃不到。始終追高殺低！

> 策略總結 <

至此我們需要好好梳理投資邏輯：

1. 黃金買賣判斷指標：道瓊黃金比。
2. 判斷買進和賣出的區間：道金比 8 以上買進黃金，道金比 2 以下賣出黃金。
3. 報酬極大化：用金銀比選擇實體白銀，金銀比大於 60 買白銀，金銀幣小於 20 賣白銀。

但有個問題是，金銀比目前（2024 年 11 月）80，我只投資白銀，利用了兩個資產比率，而賣出的時機點可能會有異！因為金銀比小於 20，道金比不一定小於 2。因此我們會有一個主圖表和副圖表判斷。

優先判斷道金比是否小於 2，再判斷金銀比小於 20。如果道金比沒有訊號則金銀比率先小於 20，則白銀會轉換成黃金等道金比小於 2 再動作（如圖九）。

那如果你覺得這樣太複雜，也有人在投資貴金屬上只喜歡購買黃金，策略就會形成原始簡易策略：**道金比 8 以上買進黃金，道金比 2 以下賣出黃金。**

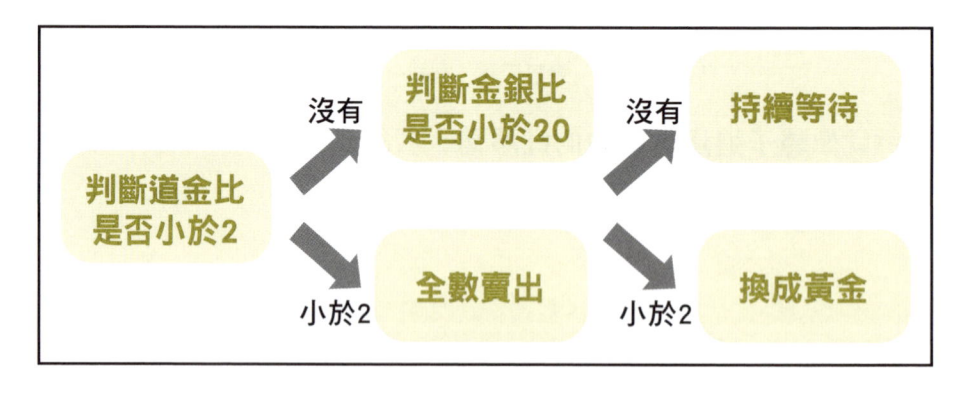

圖九：我的簡易白銀賣出邏輯

資料來源：作者提供

## 第三節

# 操作上的誤區

### ❯ 價格真空區 ❮

白銀是目前（2024 年）地球上**原物料使用第二廣泛的原料，也是五十年來沒有過前高的資產**。

可以看到如圖十，2024 年白銀仍在 30 美元附近，距離 50 美元的歷史價格高點，還有一段距離。

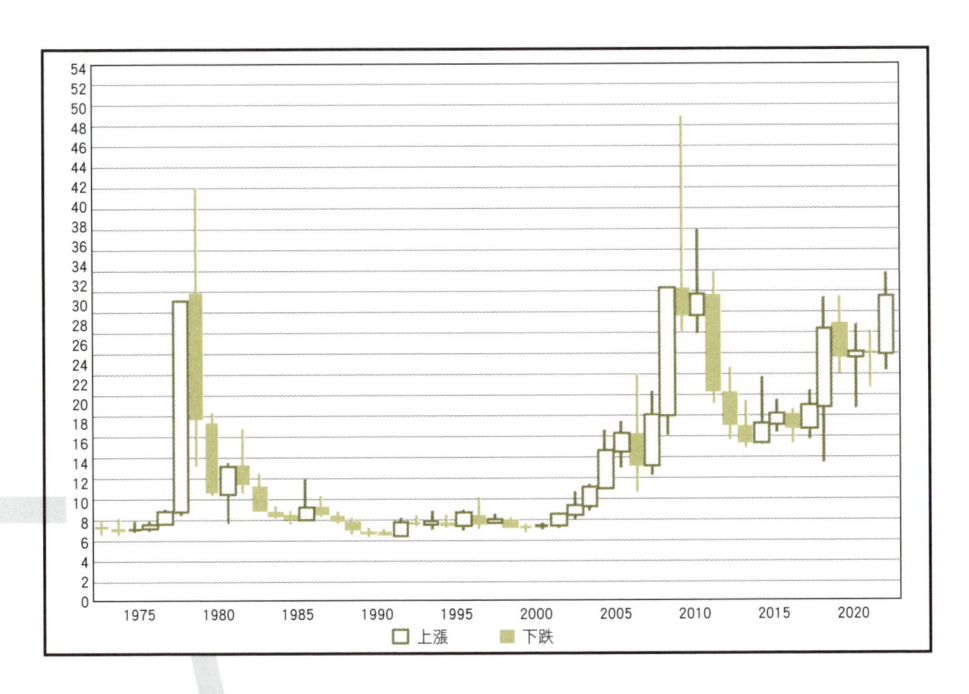

圖十：白銀年 K 圖

資料來源：goldchartsrus.com

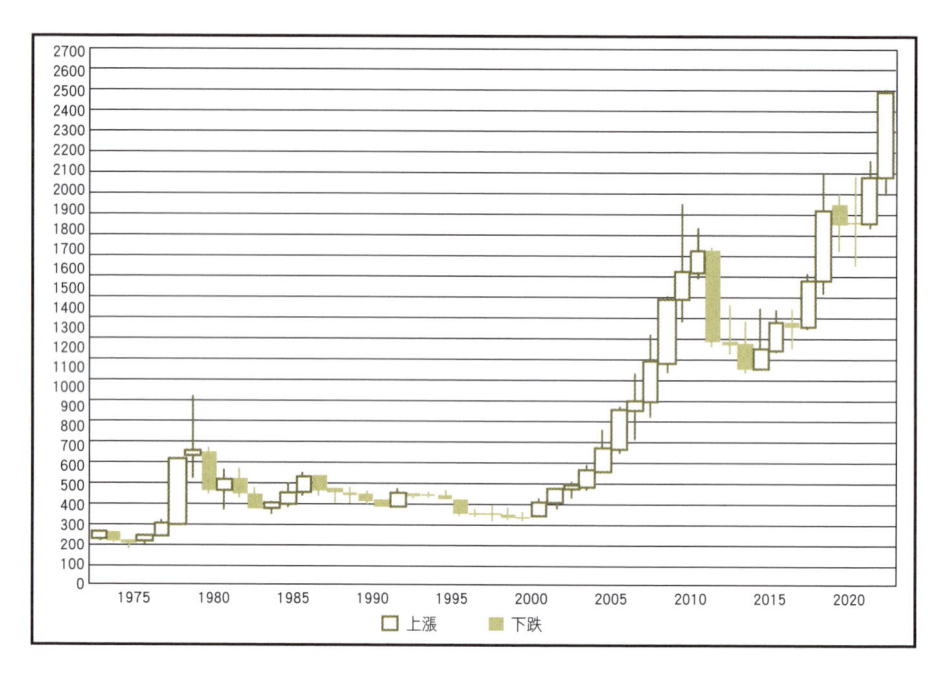

**圖十一：黃金年 K 圖**

資料來源：goldchartsrus.com

黃金則是如圖十一：在 2024 年已經突破 2011 年和 2020 年創下的 1,900 美元高點，美元價格持續向價格真空區挺進。

何謂價格真空區呢？意思就是用法定貨幣來衡量的歷史最高價格以上的區域。簡而言之就是**歷史上未曾被交易買賣過的價格**。當資產價格進入到這個區域，散戶就會開始摸不著頭緒，開始出現盲目猜高的狀況。

我身邊有些朋友，在 2020 年時我就有提醒他們即將到來的大通膨，如果要買房子可以快點考慮了。但缺乏貨幣知識量的狀況下，台灣房價持續往價格真空區挺進。直到四年後，2024 年第一波通膨暫緩時，最多人買在今年（2024），房價已經十分反應 2020 年的大撒幣政策副作用，台灣房價跟隨貨幣總量漲幅至少達 25% 以上！如果事先知道就可以搶劫！

### 在房地產價格剛進入真空區時，往往停下來觀望的人最多

因此不懂就是必須付出代價，而台灣房價持續因貨幣貶值上漲，就我觀察兩種人最多：

#### 1. 觀望後買在最高價的人

這種人在等下跌，但遲遲等不到，即便真的下跌了也不敢買或持續猜低。最後就是創新高後，追買在短期最高。

#### 2. 觀望後買不起的人

這種人是因為資金不夠，當台灣房價在價格真空區超越了設定的買入上限，變成只能租屋不能買房的新一輪窮忙族。

### 問：如果黃金持續進入價格真空區，你還會想買嗎？

你得問問你自己這個問題！在過去我常常看到人性上因為貨幣幻覺做出錯誤的投資決策，利用貨幣的價格來衡量價值，導致錯失了時間和機會，只能呆呆地原地看資產價格因為貨幣貶值而上漲……因此黃金白銀也是跟不動產類似，他們實際上都是一樣的內容物，只是法定貨幣變多導致價格上漲！如此產生的幻覺就讓投資者摸不著頭緒。

### 答：利用資產比率來衡量價值。

利用資產比率看投資，實際上不是一天兩天或看完本書就可以立即學會的。要思考的是，環境教育我們利用法定貨幣計算事物的價值已經有十年以上的時間。此時**導入比率思考真實購買力的方式，實際上會顛覆根深已久的價格思考**。所以比率的應用必須時常觀看其數字或百年圖表，甚至利用到生活中理解才能更加掌握真實購買力的概念。

在我們了解了價值透過資產比率來衡量時，就不再出現所謂價格真空區，此時只有是否被高估或相對低估的概念。因此黃金目前在 2,600 美元一盎司，在道金比上仍具有巨大的增值空間，這時價格真空區就不會讓你在投資規劃上產生誤判的情況。

## ▸ 教猴子投資基金 ◂

猴子射飛鏢選股實驗是想知道人是否能透過選股打敗隨機變數？

> 《華爾街日報》在 1973 年首次進行猴子射飛鏢選股實驗。這項實驗中，猴子隨機選擇股票，而專業投資者則根據分析和經驗選股。結果顯示，猴子的選股表現往往優於許多專家。在其中的一次實驗中，猴子的投資損失比專業投資人和業餘玩家都少。

看完這個故事，我不是要你馬上去養一隻猴子來選股賺錢，而是在過往的投資路上，人類的思維變化往往是影響投資變數最大的部分，因此最簡單又最容易的策略，反而會成為最困難的事情。

還記得先前提到的三個投資人嗎？實際上策略一開始就設定的十分簡單，就是**定期定額持續買入，股利再投資**。那為何這麼簡單的策略在大家都賺錢之後，卻很難讓利潤持續做大呢？

**因為賺錢會有賺錢的問題，而猴子本身不會去思考這個問題。**

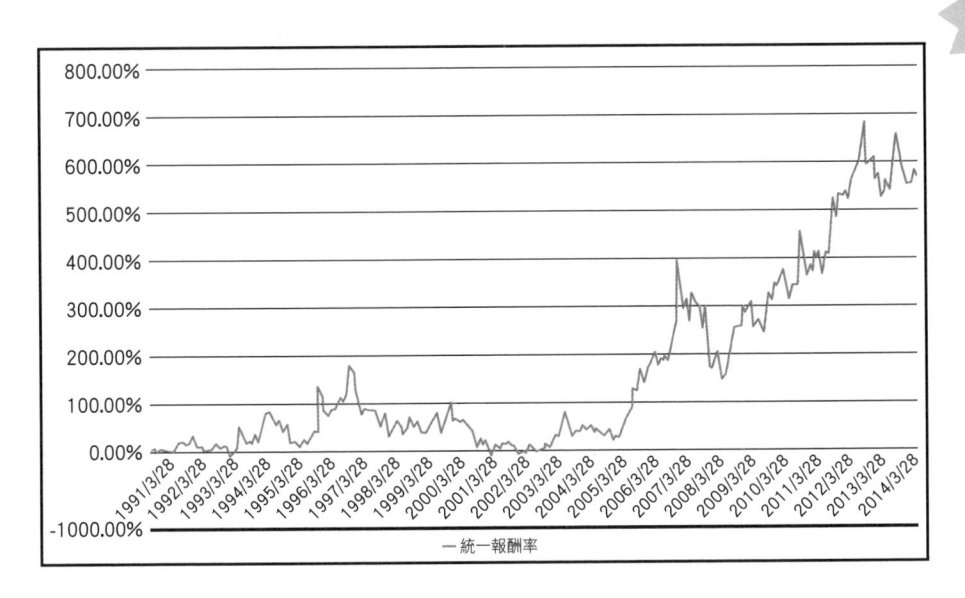

圖十二：統一定期定額，股利再投入策略報酬％

資料來源：作者提供

如圖十二可以看到自 1991 年開始投資到 2014 年回測紀錄會是報酬 500％以上。而這樣的報酬名目數值是長達 23 年的定期定額累積報酬，並不是單筆投入的報酬率。

假設 1 萬元月投入，23 年總投入本金就是：

23×12×10,000＝276 萬

報酬率是 500％的話就是賺了 1,380 萬的利潤！

但大家仔細看這個回測圖表，就知道一般人根本賺不到。因為自 1991 年到 2006 年，該檔股票長期空頭加盤整了 15 年。試想，如果一檔股票你定期定額了 15 年，報酬率始終在零軸附近游移，這個有誰能撐得過呢？也許答案只剩下猴子和知道內情的大股東了。

所以一套簡單的策略必定需要一套使用的心法，否則拿絕世武器倚天劍給平民也只會傷到自己而已，必然要搭配招式心法做使用。

### ▶ 策略搭配人性 ◀

越是簡單的指令或動作，時間一拉長投資人都很難執行，最主要的原因在於過程中投資人都沒經歷過或是太少著眼在這些問題該怎麼解決，因為一路上並非專業訓練的路程，並不像我們要開車上路就會先考駕照，在投資上並沒有駕照這件事。很多事情都必須透過後天的學習掌握。

這時我們回到原始策略上：**道金比 8 以上買進黃金，道金比 2 以下賣出黃金。**

2024 年道金比 16，離賣出目標還有一段距離，過程中比率會漸漸往下前進。這時就會出現幾個過程中的問題：

1. 道金比大幅移動到數值 8，黃金價格可能已經達到 5,000 美元一盎司以上，那這時要不要賣出？

答：因為一般投資人習慣了價格思考，當手上的投資報酬率達到 100％以上時，可能會有過於興奮情緒和過往投資陋習的問題，所以很可能賺個一倍，甚至一倍以下就會覺得已經賺錢想快跑的問題。此時賣出再空手的狀況，會在貴金屬上升趨勢中持續進進出出累積更多壞習慣。所以投資紀律是很重要的，要多看資產比率，了解到還有更大的升值空間可以等待。

2. 道金比移動到數值 4，相當接近 2，是否要賣出？

答：尚未達到目標，但已累計可能 300％ 以上報酬率。報酬率越高，投資者每日的猜高和興奮感就會加強，因為這種機會不容易發生。此時會建議走：**法人部位模式（分批出場策略，隨後會論述）**。

3. 道金比移動到 4 又移動到 8，是否錯過賣出機會？

答：資產比率上的回檔會讓投資者下次來到道金比數值 4 時，撤除策略目標先行賣出的動作。這跟黃金在 2020 年到 2024 年的盤整一樣，當黃金價格達到 2,000 附近就下跌的狀況，下一次投資者就會在價格圖表猜高賣出，導致錯失後面真正大漲的趨勢。所以紀律真的很重要，但過程中，**人性會一直干擾你的佈局**。

4. 道金比移動到 2，是否要賣出？

答：通常能撐到這邊的投資人可能還會遇到最後一關，當賣出訊號來時，我該怎麼辦？要知道在資產比率的末端，數值的變化在價格上會非常敏感，市場也會極度瘋狂。

舉例來說：當道瓊工業指數假設在 40,000 點後面都不變化，黃金價格為 20,000 美元一盎司，道金比數值為 2。這時如表二，如果投資人是買在近期 2,500 美元一盎司價格，那在數值 2 到 1.6 時，實際上除上成本等於多了 2 倍的報酬率（200％）！因此比率越是接近 2，實際上報酬率算起來就會越瘋狂！對一般投資者就越難割捨部位的狀況，最後陷入了不易執行的狀況。

| 道金比數值 | 黃金價格 | 道瓊工業指數 | 黃金價格變化 |
|---|---|---|---|
| 2 | 20,000 | 40,000 | 0% |
| 1.9 | 21,052 | 40,000 | +5.26% |
| 1.8 | 22,222 | 40,000 | +11.11% |
| 1.7 | 23,529 | 40,000 | +17.64% |
| 1.6 | 25,000 | 40,000 | +25% |

表二：道金比在 2 以下，黃金美元價格變化

資料來源：作者提供

所以我說這是史上最大的投資機會，但不是一般人都可以做到的投資機會。如同水（簡單策略）放著很穩定，但加入氣泡（人性）後變成氣泡水，就會有非常多的波動。

**簡單的策略加入人性後，只適合猴子和不缺這筆錢的人。**

## ▸ 我從定期定額學到的事 ◂

定期定額不容易做到的原因之一，就在於投資人並沒有準備好一路上可能遇到的狀況，但如果搭配好心法一樣會產生很好的報酬率。而我認為定期定額的心法在過程中可以透過執行去達到，但前提是：你必須意識到這些概念：

1.持續的分批買入，累積大部位和心理部位
2.長久與部位相處習慣
3.過程中訓練觀察基本面的能力

這些概念跟我們投資貴金屬都會具有同等的作用！

## ① 持續的分批買入，累積大部位和心理部位

**心理部位**是在我過往的教學經驗裡得到重要概念，有別於實際的部位狀況。只要投資人的實際部位低於或高於心理部位，心裡就會很躁動。要解釋這件事情，樂透得主的下場就是最容易的例子。

---

根據美國青少年金融教育賦能機構（The National Endowment for Financial Education）蒐集的統計資料顯示，約有70%樂透得主最後都落得破產的下場，而最主要的理由是：揮霍無度。

一夕致富，讓他們瞬間以為能有個無憂的下半輩子，忽略理財的重要性。開始買豪宅、換名車、頻繁出國旅遊或採購飛機、遊艇。原本平實的打扮也換成高檔服飾與配件，開始出入高級餐廳和俱樂部，享受豪奢的生活。持續揮霍的結果，就是在短短三到五年內就破產，甚至因為早已習慣「花錢不用看價格」的生活，在破產後無法回歸平凡生活。

---

樂透得主無法控制獲利的狀況，如同實際投資部位高於心理部位，超乎自身能力所能控制的情況。

所以心理的承受值反應的是平時投資的狀況，如果我們投資都是按部就班的累積和等待，那心理部位同時也會跟著增長，形成可控可防的狀況。如果一次投入太多或波動過度劇烈，這時實際的部位就會因為超過心理可以承受的部位，導致非理性的決策！

問：如何增加心理部位的承受值

答：一點一滴的累積你的投資，並和你的投資部位大小一起成長累積心理可承受的部位。

## ② 長久與部位相處習慣

我們投資絕對都是長期計畫，就跟婚姻一樣，越是經過時間的考驗，所得到的更是珍貴。因此打從一開始，投資就視同結婚這件事。在我人生經驗上，這絕對是長期必須經營的課題。

如果有人今天跟一位偶像因緣際會的認識，對方也想和她結婚，這時婚姻的穩定性就會流於一時衝動的決定，還有很多沒有思索過的磨合問題，會在往後的日子出現。例如偶像可能都要跟其他藝人有親密肢體接觸或是交際應酬圈比較複雜等，當偶像本身自制力低下時，婚姻也可能很難維持。

所以投資從小開始，從小部位開始培養，慢慢隨著時間壯大，日復一日，你會習慣該部位存在你生活中，即使現在暴漲暴跌，你可能也不會輕易隨情緒起舞。因為投資如婚姻，任何一個決定都是需要謹慎考慮的。畢竟這是長期經營事業。

問：如何和部位長久相處

答：如同婚姻經營，採用長期投資和長期累積

## ③ 過程中訓練觀察基本面的能力

前述樂透新聞告訴我們，如果實際部位大於心理部位，投資人超乎控制、不理性的狀況就會出現。但如果實際部位過小於**心理成本部位**，代表已經遭受巨大的未實現損失，這時即使持有的標的沒有發生基本面問題，但投資人也會受不了進而停損，將未實現損失變現平倉。

過往的大學乙組射箭賽事上，我曾經藉由日復一日的訓練，達到了在大專盃資格賽第三名的成績。但一進入到一對一的對抗賽，我居然輸給了第 29 名的選手。原因在於：心理素質未隨著賽事提升。

當我們在未來的部位越大或是隨著時間拉長波動越劇烈，對於基本面的掌握就必須更透徹，這樣隨著時間的進行，即使遇到意外的黑天鵝下跌，也只會視作買進機會！

對那些長期定期定額的投資人來說，大幅的下殺往往都代表絕佳的加碼機會！耐心和眼光會造就投資績效。

## ▶ 法人操作術 ◀

在金融投資上往往具有許多不可思議的邏輯，例如你如果今天交往了一位異性，因為相處不和而分手，那未來對方飛黃騰達，實際上我們也是默默祝福對方，不會覺得這個跟自己有什麼關係。可是如果放到投資上，每個變了心的女朋友好像都跟自己有關係！日後的好處都必須跟自己沾上邊😂！

「唉，我沒想到賣出之後，他漲了 20%，我少賺了 10 萬。」

就如同上面那句，賣出之後，實際上就跟我們沒有關係了，事後的漲跌也不是我們能力所及的，因為我們已經執行了賣出！但總是會有人覺得那些好像是**少賺**的，**屬於自己**的。

這在觀念上就是心理問題，如同一個盲區。

幫我點開這層觀念的人是自營部某位經理。在大學某次競賽因緣際會進入到法人圈的操作室裡，經理知道我是十足的菜鳥，一身菜味。在有限的時間裡給我很多的觀念，例如：

**今天賺的是未來要扣抵明日停損的**

**賣出之後的行情跟自己沒關係，只有持有的當下才是重點**

**策略成形後，我們賺的是執行力，執行策略不能有過多情緒干擾等等……**

所以如果我真的一輩子都在金融市場外面玩，可能也是要跟那位套房裡賣白銀的大哥一樣：**用一輩子驗證一件事情的對錯，重點是可能還不知道錯在哪。**

所以這邊要提供你一套可執行且簡易的模式：**法人分批操作哲學**

# 2

# 第 2 課
## 沙漏策略：
### 讓你心安的方法才是好方法

## 第一節

# 小心不要被法人割韭菜

### ▶ 猴子套利術 ◀

有一個商人到了一個山村，村子周圍的山上全是猴子。

商人就和村子種地的農民說，我買猴子，100 元一隻。
村民不知是真是假，試著抓猴子，商人果然給了 100 元。

於是全村的人都去抓猴子，這比種地合算得多了。
很快商人買了兩千多隻猴子，山上猴子很少了。

商人這時又出價 200 元一隻買猴子，村民見猴價翻倍，便又紛紛去抓，商人又買了，但猴子已經很難抓到了。

商人又出價 300 元一隻買猴子，猴子幾乎抓不到了。

商人出價到 500 元一隻，山上已沒有猴子，三千多隻猴子都在商人這裡。

這天，商人有事回城裡，他的助手到村裡和農民們說，我把猴子 300 元一隻賣你們，等商人回來，你們 500 元賣給商人，你們就發財了。

村民瘋了一般，把鍋砸了賣鐵，湊夠錢，把三千多隻猴子全買了回去。

助手帶著錢走了，商人再也沒有回來。

村民等了很久很久，他們堅信商人會回來用 500 元一隻買他們的猴子，終於有人等不急了，猴子還要吃香蕉，這要費用啊，就把猴子放回了山上，山上仍然到處是猴子。

這則故事完美的呈現了：低價買進籌碼＝＞中期拉升籌碼＝＞末期爆量換手＝＞最後崩盤一文不值的市場主力操作術。

故事裡可以看到剛開始商人（市場籌碼主力大戶），買猴子時是 100 元慢慢買到 2,000 隻，此時成本就是 100 元單價附近。後來又開了 200 元買剩下 1,000 隻，成本來到 133 一隻均價。這當中經歷了些時間，最後開了 300 元要賣剩下的猴子，如股票漲停鎖死。當漲停打開後，投資人紛紛湧上願意花 300 元購買猴子，期待下次能用 500 元賣給商人。

此時商人賺了資本一倍以上，大家則是平均每隻猴子賠了 167 元。買越多賠越多。

這時我們必須理解到，商人和村民，好比法人和散戶。要學習投資，當然要先理解彼此的不同和可以學習的部分！

## ❯ 法人 VS 散戶 ❮

在時間越短的市場，法人和散戶的不對稱競爭優勢就會更明顯。但金融市場並非赤裸裸的實體賭場，賠錢時總是不知道是誰賺走你的錢。在看不清對手的狀況下，更難讓一般投資者知道對方不對稱的競爭優勢！

以下就是我列舉法人和散戶的不對稱競爭優勢，如表三：

| 比較項目 | 法人 | 散戶 |
|---|---|---|
| 平日投入時間 | 全職 | 兼職 |
| 手續費 | 最低 | 看成交量談折扣 |
| 報價速度 | 較快 | 較慢 |
| 短期市場資訊 | 較快 | 較慢 |
| 電腦程式工具 | 專業化 | 自己拼湊 |
| 團隊 | 有 | 無 |
| 部位大小 | 大 - 流動性低 | 小 - 流動性高 |

表三：法人和散戶比較

資料來源：作者提供

### 平日投入時間

我們都知道法人是市場上常常在賺錢的組織，散戶則是提供流動性，意指每日都在輸錢的投資者。談到這又讓我想到射箭場上的過往，乙組選手跟甲組選手的條件天差地別，隨便一個甲組選手都可以玩虐乙組成績最好的選手……從很多條件來看，乙組之所以跟甲組分開最大的原因在於：全職和兼職。甲組都是每日專精其技術，乙組充其量都是自己找時間練習，有時還會有其他事情影響了練習的計畫……

回到投資來看，法人光是平常時間上的投入就多出散戶太多了，光盯著盤面可以用程式外，交易員也是整天盯著盤面……因此越是短線，他們在全職上的競爭優勢就會更高。

問：如何將投入時間不公平優勢減少？

答：避開短線零和操作，選擇長期投資的戰場才能減低其差距。因為越是短期的交易會需要更專業的技術和更及時的市場關注。

## 手續費

券商內部的手續費實際上是幾乎貼近零的狀態，當然實際上不可能為零，因為維持下單系統必定有其成本。

假設散戶和法人的初期投入的本金金額一樣，散戶的手續費是百分之一，法人是千分之一，那散戶只要交易一百次就會失去本金，法人則是要交易一千次才會失去本金。無形中法人在一百次的交易下，可以多保留比散戶多90%的本金的成本優勢。

問：如何將雙方手續費差距縮小？

答：減少交易，減少交易成本

## 報價速度

2009年我到自營部實習時，看到一件讓我震驚的事情。在平日交易裡會有所謂的搶帽客交易，這些交易員就是同時會下看漲和看跌的單子，中間的價差就是利潤，且手續費上當然在自營部自然是最低的。但因為程式交易的演進，產生了要賺取報價上的價差，需要用電腦才能做到，人工基本上是不可能可以賺錢的。此時**高頻交易**就出現了。高頻交易就是利用程式來下單，拚的是報價速度，誰比較快就可以先行一步掛單，市場報價約0.25秒一次，所以如果每次報價可能快對手0.01秒，你的掛單就會比較優先成交，因此在101大樓附近，很多高頻交易員都在附近辦公，因為他們比的是誰的網路線更靠近101的市場報價電腦……

身旁當時有個交易員正在構建高頻程式，他說「ㄟ，你過來看我的電腦，報價速度比你快 0.5 秒！」我把筆電湊過去對照，確實比我快跳價⋯⋯所以之後每當崩盤時，我總會想起這件事情！WHY？因為崩盤時，報價有時候會快到看不見，導致券商當機，你即使用 APP 也是看不到價格的！那既然自營部的報價比我快，那是不是在崩盤時，他們的報價也相對我們穩定呢？至少不會像我們一樣當機。

這概念就像是他們去迪士尼，法人走的是快速通關，散戶則是要乖乖排隊，所以通道不一樣，報價上的優先順序就會不一樣⋯⋯對於有些程式交易者而言，券商的報價當機，那天也可能出現策略外的損失⋯⋯所以這個也是一個法人不對稱的競爭優勢。

問：如何將雙方報價速度差距縮小？

答：長期投資不用處理此問題。

### 短期市場資訊

在短期市場資訊方面，法人跟一般企業作帳都是一樣的，有分內外帳，內帳給內部人看，外帳則是報稅和公開資訊。因此法人內部有研究員的報告，外面有給散戶看的報告⋯⋯在市場黑天鵝第一時間也都會被全職的交易員用程式捕捉，所以其短期市場資訊仍然是法人具有極大優勢。

問：如何將雙方短期市場資訊差距縮小？

答：長期投資不會因為短期資訊需要立馬決定長期方向的決策。

## 電腦程式工具

目前程式交易已經演化到自主學習判斷的 AI 系統，跟以往設定邏輯做判斷的年代揮別已久。那何謂自主學習判斷的 AI 系統？是指類似人腦會依照盤勢的變化做決策變動的交易模式，透過時間去學習盤勢波動變化，進而累積經驗改變近期的下單邏輯……演進十分可怕！但還好我們長期交易不需要精進此技巧……

問：如何將雙方電腦程式工具差距縮小？

答：長期投資不需要強大的電腦程式能力，只需判斷趨勢是否在長期計劃上。

## 團隊

法人有團隊這是一定的優勢狀況，而散戶之所以叫散戶就是大多單兵作戰，沒有專業的團隊輔佐。但三個臭皮匠勝過一個諸葛亮，所以透過建立**白銀線上社群**團隊來擷取市場資訊，一團人學習研究必定比一個人在市場上獨自學習快。

營造業常常會有派工人數的問題，如果有個工作需要 10 個工作天才能做完，這時有可能請 10 個人一天就可以趕完。一樣在學習投資上，一個人假設可以花 100 個小時，一百個人就會有 10,000 個小時，所以一樣都是學習時間，參加團體的效果一定會有差異。

2020 年時我有買一個房地產課程，當時老師有說一句話：「你為何要花十年去驗證一件事物的對錯？」這意思就是你只要買課程可以立馬學習到關鍵知識，比你獨自努力十年還不一定知道的差距真的太大了。所以還記得嗎？套房回收的大哥，他就是用了十年卻還不知道錯誤的經典例子……

問：如何將雙方團隊差距縮小？

答：加入團體的學習社群或團隊。

## 部位大小

唯一散戶具有的優勢就是進出場會比法人快，因為法人部位大，所以要出貨也要一段時間。但實際上散戶的快速進出優勢也可能變成劣勢，容易進出也容易被法人作價收割……猴子的故事正是凸顯了這件事，法人雖然有較大的部位無法一次出脫，但可以藉由作價的方式引誘散戶交換彼此間籌碼達到出貨目的，或是藉由快速賣出壓低價格的方式讓散戶驚嚇賣出等等……（多想想猴子故事）。

結論：

**越是短期的金融市場，法人和散戶的差距就會越大！因此將投資時間拉長，少交易，多在團隊學習，並理解法人的操作模式十分重要！**

## 第二節

# 利用分批進出操作

### ▶ 玩不會輸的遊戲 ◀

我本身算是很喜歡打遊戲的人,每次玩遊戲輸了都會想辦法破關,尤其玩到那種陣亡就必須重來的、非常虐人的遊戲,我就會更想挑戰他。所以本身我就不太喜歡輸,也不喜歡停損,在投資上也是一樣!

我進出槓桿較高的期貨市場時,停損就是要輸錢,輸錢代表承認前一筆交易倉位跟趨勢是反向的,看到賠錢的瞬間當下還是很難受的!最後總是想來押一筆大的,看看能不能追回來之前的損失!因此在畢業後的金融市場交易,載浮載沉了將近 10 年,最後在外匯市場翻船,ALL IN 500 倍槓桿滑鐵盧。至此我開始潛修命理,直到朋友傳了一個影片給我看,投資上最重要的觀念:**控制力**。

控制力在投資上的意思跟玩遊戲一樣,透過努力可以改變結局的遊戲,才是我們要選擇的投資遊戲!我再換個方向來詮釋,如果這個投資你敢借錢買入並能安穩持有不怕漲跌,那這項投資實際上就是**不會輸的遊戲**。

每當我和一些投資人聊天時,一問到他們在金融市場投資的狀況,只要問看看他是否敢借貸投入自己所選的資產時(在不考慮是否負擔得起借款月付額前提下),大部分的答案都是:NO。

因此他們所投入的資產大多都是高風險投資。

不會輸的投資遊戲關鍵在**掌握控制力**和**基本面的理解到哪**。

對以下資產而言有此等狀況：

**股票：**你是內部人或關鍵決策者，這時可以透過參與公司的營運來理解整個公司的走向，並透過努力來影響結果。記得：大股東要賣股都可以透過合法方式出售給散戶，如果真的有風險也會更早得知。

**房地產：**過程中與各種專家合作，努力處理各種狀況，可以將問題的房子處理成好的標的再售出或出租。

**黃金白銀：**黃金白銀有其挖取成本，當價格跌到挖取成本附近買入時，風險會是最低。不過通常這個時間都很短，因此當黃金白銀掉到開挖成本都會是我加碼的重要時間點。

以上是幾個不會輸的遊戲，是不是很無聊又賺錢呢？

## ▶ 微笑曲線 ◀

定期定額策略在坊間有個簡單的學說稱作微笑曲線如圖十三：

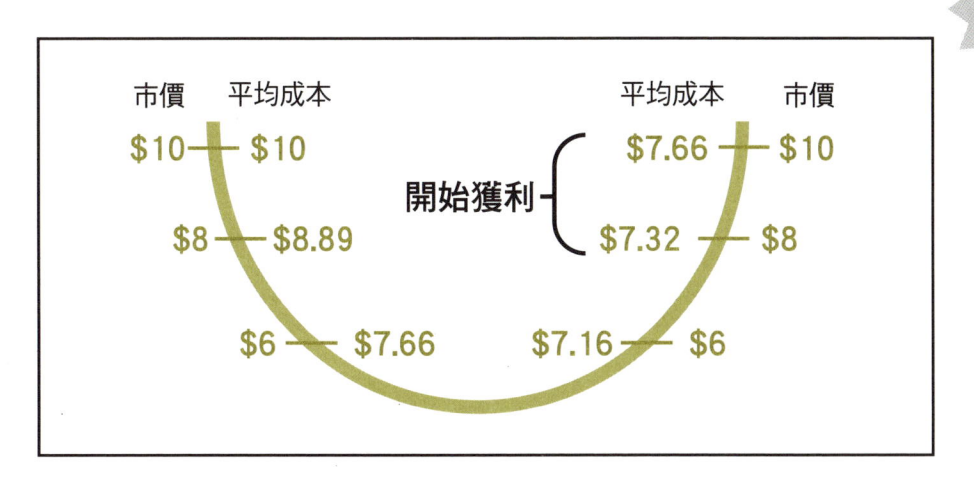

```
市價    平均成本              平均成本    市價
$10 —— $10                   $7.66 —— $10
              開始獲利
$8 —— $8.89                  $7.32 —— $8
$6 —— $7.66                  $7.16 —— $6
```

圖十三：微笑曲線

資料來源：CMoney 理財寶文章

微笑曲線形狀是 U 型，左上方價格和右上方價格一樣，定期定額持續買入後，成本會降低，因此價格從左到右就會獲利，運用的概念就是：**攤平**。

攤平這個概念就是在價格下跌中**持續買進壓低平均成本**，坊間投資文章很常會看到幾個投資例句：

「跌下來繼續買，才能讓整體持股成本降低啊！」

「才不！向下攤平可能愈攤愈平，最後直接躺平。」

實際上在投資裡，我認為兩者基本上都沒有問題。因為如果標的是有問題的，虧損時，攤平只會越攤越貧！且有些投資標的時間週期往往也會超乎一般人的認知。還記得前面提到的統一這檔股票的例子嗎？長達將近 13 年的定期定額攤平，在最後達到逆轉勝！不是一般心理素質的投資者能做的事情！

問：那這樣什麼才是真正可以攤平的標的？

答：**不會輸的投資遊戲**，就是你可以向下攤平的標的。

因為你不瞭解的遊戲或是無法控制的遊戲，攤平操作只是另類住套房或慢性自殺的方式。通常這類投資人會發生以下可能狀況：

1. 在某次價格下殺時破防，全數出清部位，大賠結束。
2. 買到後來停買，已經造成巨大虧損，不再關心標的漲跌。

所以攤平一但使用就要非常謹慎，用在對的地方才能確保收益！

### ▶ 金字塔式分批買入 ◀

此時我們已熟知一個概念：**在不會輸的投資遊戲下做攤平操作**

如果你的標的遲早會反轉回來的，這時價格下跌只會更加買進。因此要習慣在下跌中買進這個策略，且也不會是一次性的買入結束，會有分價格或分金額的方式。此時我提出了一種攤平的概念如圖十四：

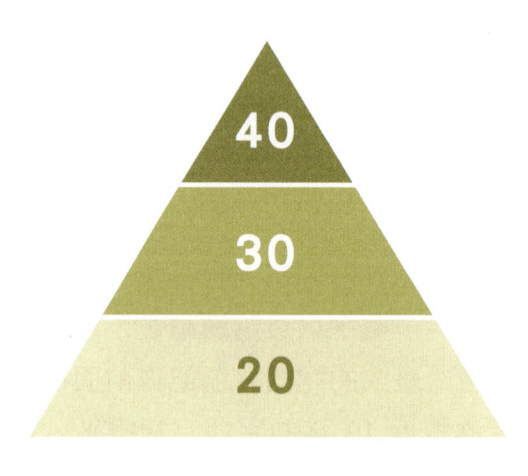

圖十四：金字塔式買入範例

資料來源：作者提供

假設我們以白銀為例子,白銀的生產成本在寫作時(2024年中)為25美元一盎司,至該年底價格為30美元,此時20至30美元,我們可以每個月買固定金額假設3萬。跌到20美元以下,已經跌太深低於生產成本太多,就 ALL IN 所有可動用投資現金,漲到30至40美元每個月就買1.5萬等等。

這時你的部位成本就可以透過市場波動向下攤平,因為你知道白銀這商品有其底線,不可能歸零(即便真的發生也是搶劫時間)。而實際上只要低於生產成本就會反轉!所以每當市場震盪低於生產成本,我都會視為加碼機會。但前提是仍在我自己設定的價格區間才會加碼。

另外金字塔分批買入在實務經驗上,是需要彈性的策略,這個看人怎麼操作。通常我們第一次購買時的金額都會是相當大比重的。例如我現在相當看好白銀,我全壓100萬在20至30美元區間。這時市場震盪到20美元以下符合加碼條件,這時我就會再借出200萬或找出200萬來攤平購買。

所以我會留有後手可以調動額外的資金來使用,那如果你操作起來部位的形狀不完全是金字塔結構也不用太過拘泥,畢竟分批買入著重解決幾個問題:

1. **懂得向下攤平,人家恐懼你貪婪。**
2. **當低價出現時,即使你只買了一些,也是有加碼過,在心態上你就不覺得自己錯失過這次機會。**
3. **學習法人買進區間,而不是完全單一價格購買。因為市場的震盪必須讓我們有個容錯空間,這空間如果整理期越長,實際上投入總部位也會越大越多。**

在過往的教學經驗我發現到部位的成本圖往往可以顯示一個人的習慣，少數人可以做到金字塔型的狀態，代表投資人的耐心和執行力都相當足夠。而大多數的人通常都是頭重腳輕的型態，也就是類似**倒金字塔式**的買進方式。當價格越高加碼越多，價格跌下來後反而沒再投入的狀況，這就是在人性上的弱點：

上漲會加強價格回饋，資產上漲，讓你覺得你是看對的，此時加碼心態上也會比較輕鬆。

下跌則會帶來質疑，讓你覺得是否看錯了？如果再加上研究不透徹或是投資目標不清晰時，反而在低檔就會不敢加碼。

在過往經驗裡，超過 50％的人都是倒金字塔式的部位型態。

問：那倒金字塔式買進，對我們投資上會有很大的問題嗎？

答：在你選擇了不會輸的投資遊戲，就不太會有問題！

只要我們選擇的投資遊戲本身沒問題，那下跌買進太少或是停買實際上不會影響後續的操作，因為在投資上有個很重要的概念：**需要有容錯空間**。

細想為何法人買進總是設定區間呢？除了部位大以外，他們的估值也是一個大概，市場總會上下游移，所以在設定的價格區間內買進，就是法人的操作策略之一。要知道市場上參與者眾多，最低價往往都不是我們造成的！沒有人是神！而我們投資目標是什麼？無非就是：**賺到購買力**！

所以鄧小平說過：黑貓白貓，能抓老鼠的就是好貓。只要能賺錢，那這個投資即使成本形狀不像倒金字塔，只要未來比率移動一樣可以獲取大筆財富！但記得給自己投資上**容錯空間**，不要執著買最低賣最高。

## ▸ 先上車還是後補票 ◂

每當有人問我他所創造出來的成本圖是倒金字塔型，那該怎麼辦？

通常這種人都是新手或是情緒派投資者居多，順著人性下去買入。按照我的投資經驗，有上車會比後補票更有優勢！因為有執行力是投資上滿重要的事。

以前有兩個投資人在某個資產投資上，小劉買在 30 元花了 300 萬，小林買在 20 元花了 100 萬，後來漲到 100 元，誰賺得多？答案顯而易見就是小劉。雖然小劉買的價格比較高，但他的單位比較多，所以追高後在未來仍賺得比較多。

還記得當初在 2020 年買房子時，當時的房地產價格，實際上在之前的 5 年來看，仍然是上漲的狀態，當時如果不懂貨幣政策，可能也會陷入**猜高猜低**的問題。

今年在我寫作時是 2024 年，遇到滿多人告訴我：「今年買了房子，已經看了三、四年，漲好多，再不買不行！」甚至有個人還是我房客，2020 年時我已經有跟他說要快點買房了，因為川普的激進政策必定會導致貨幣大貶值，房價大幅漲價！但他最後還是沒有買，反而是在 2024 年多花了 300 至 400 萬買了房子。所以投資上最忌諱的就是因為**不懂價值**，猜來猜去。

為了避免人性上的猜測，你一定要記得我們投資的是**週期的資產比率**。因此判斷完目前道金比週期向下，也未到平均數值 8，此時你知道這個週期時，就可以不論價格建立初始部位。按照進場的初始部位比率或是價格做金字塔式的部位佈局。如圖十五。

067

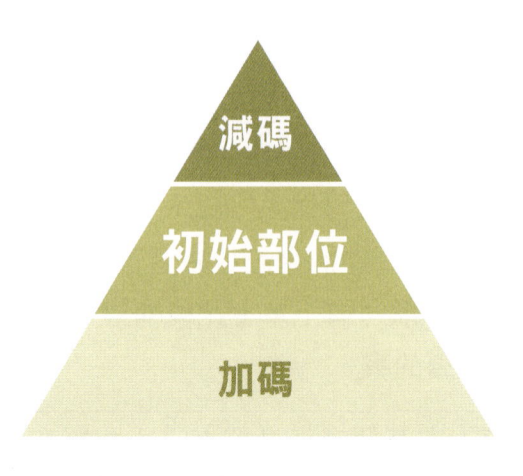

**圖十五：金字塔式買入範例 2**

資料來源：作者提供

在初始部位上下作加碼減碼的構思，盡可能往金字塔式的成本圖前進。

這時我們回到原始策略上再修改後：**「分批買進」在道金比 8 以上，道金比 2 以下賣出。**

重要觀念：因為實際操作裡有人性上的狀況，很常在初始部位就會用光銀彈，因此在構思加碼的狀況時，可以用每個月的現金流，定期定額投資貴金屬或是留一手現金或是貸款部位買入。按照我過往的經驗，金字塔式的成本圖在加碼的資金來源往往都要先想好才會有如此漂亮的買進成本圖。但切記，先上車為主，否則行情一旦啟動，不常有補票機會。

## ▶ 倒金字塔式分批賣出 ◀

在資產比率開始朝有利的方向發展時，這時就會開始考慮賣出。

而賣出的邏輯如果過於單一就會出現先前談到的問題：**在行情震盪中人性上的問題會導致執行不易**。

這時就要採取法人：**分批賣出的方式**

如圖十六呈現的，道金比只要越接近 2 就會賣得越多，這時就不會受限在：如果這次週期沒有到數值 2 的恐懼下操作。因為**過程中不斷地猜測猶疑**才是影響執行力的重點，同時兼顧了分批獲利了結下，心態上較穩定的操作狀態（因為我有賺錢了，也有確實賣出一些了）。

這時我們回到原始策略再修改上：**道金比 8 以上「分批買進」，道金比數值「6 到 2」「分批賣出」**。

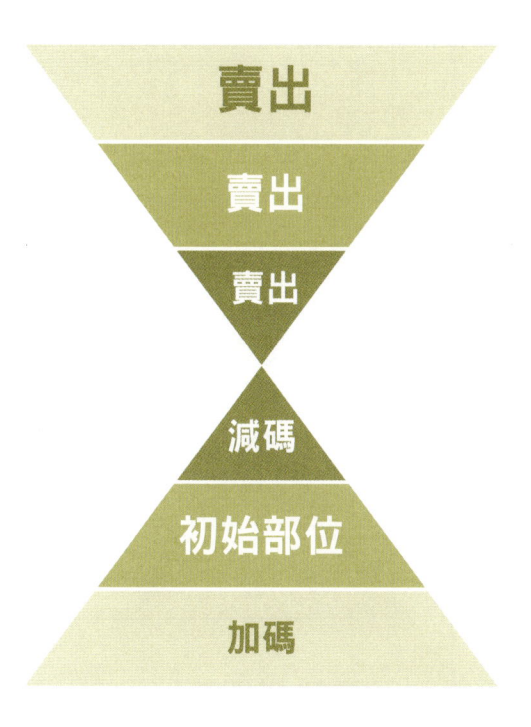

圖十六：沙漏策略

資料來源：作者提供

**沙漏策略**是我在投資上看過許多**過程中的人性問題**所提出的!大體來說我們投資上會有四個過程:

**買進→持有過程→賣出→轉換**

持有過程會遇到的投資問題實際上才是關鍵!因此為了克服人性上的各種狀況,採用沙漏策略買進和賣出可以減少許多人性影響策略的問題,更正確地說,該策略就是因為人性所衍生出的。因為我們執行力判斷如下:

邏輯+人性=執行

忽略了人性的策略或是教學,都無法真正實用,最後就會有看得到吃不到的窘狀。

以下圖十七就是我的黃金白銀簡易沙漏策略:

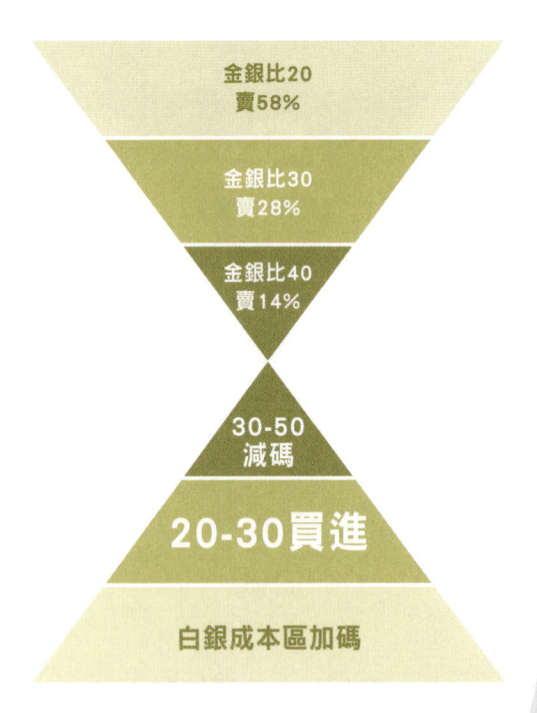

金銀比20 賣58%
金銀比30 賣28%
金銀比40 賣14%
30-50 減碼
20-30 買進
白銀成本區加碼

圖十七:我的白銀交易沙漏策略

資料來源:作者提供

可以看到 2020 年至 2024 年，基本上我已經完成我的金字塔成本圖，這四年來實際上都是在區間盤整，也順勢累積了大量的白銀部位。而金銀比一直在 80 附近遊走，此時我自己都是**優先選擇白銀非黃金**作為利潤極大化的投資工具。

| 黃金策略 |
|---|
| 道金比 8 以上分批買進，道金比 6 到 2 分批賣出。 |
| 白銀策略 |
| 道金比未到數值 2 之前，按照金銀比分批賣出。如圖十七。如果道金比數值未到 2，則先**轉換成黃金**等待轉換其他資產時機。 |

表四：依照人性修正後的策略

資料來源：作者提供

# 3

# 第 3 課

# 實體貴金屬投資不簡單：

## 明辨實體與虛擬交易成本，選擇最適合的品項

## 第一節
# 實體與虛擬投資差異

### ▶ 基金油水多 ◀

通常一般人不持有實體,要投資原物料,通常都會選擇 ETF 或是期貨作為投資工具,但期貨本身的槓桿性質太大,又有複委託和匯率繁雜的過程,因此一般都會直接找尋 ETF 基金作為投資工具。

在我研究金融的過程中,感嘆到 ETF 實則為賺大錢的好工具,但這個結論是對招募基金的投資公司,並不是買基金的投資人。簡單概念如表四。投資人負擔全部風險,發行的金融單位則是可以享有零風險的高報酬。通常不論基金賺賠都可以從裡面抽成,讓許多投資人聽到基金就好像喝了雞精,勇猛的認為風險似乎已轉嫁給基金投資團隊⋯⋯

|  | 投資人 | 資金發行公司 |
| --- | --- | --- |
| 風險 | 100% | 0% |
| 報酬 | 80% | 20% |

表五:基金的風險報酬比

資料來源:作者提供

在此要問，你是否有訂吳柏毅或是傅潘達的機會呢？這是一位長輩跟我說的，我一開始還搞不懂這到底是啥😂，後來才知道是 Uber Eats 和 Foodpanda 外送！如果我們自己剛好順路經過這店家或是有時間出門買，那你是否還會下單叫外送呢？答案應該就是，一般人會傾向自己去店裡取餐，因為外送還要被抽不止一成的費用……

**買基金就跟叫外送一樣**，他們只是幫你帶餐點來，你吃的餐點是一樣的，但因為經過了一層服務，就是要加價。差別在於**買基金你看不懂他們在玩啥遊戲，買外送你知道這個比平常貴一些的原因**。所以我照顧小孩，通常會點外送，但我不會買基金，畢竟不對稱的賽局太難賺錢了，時間一拉長，買基金的人就如廣告所說：投資複利（只是投資人被基金公司複利）。

基金的陷阱真的太多，以下舉例幾個基金漏洞：

**業務獎金**：每檔基金在投資時就有業務獎金，因此假設你投入 100 元，扣除業務獎金 1 元，這檔基金從初始投資就是 99 元，而你自己自主投資是從 100 元開始，起跑點就先輸自主投資的投資人！而商品漲 1%，買基金的你還是賠錢的，因為這是**必然隱性成本**，是你自願給對方的。

**管理費**：每檔基金有分主動式管理和被動式管理，目前坊間被動式管理的基金管理費會是相對較低的。因為被動式管理是追蹤指數，所以風險是投資人自負。但主動式管理相對較高，一般投資人實際上在選購保單或是基金時，也通常不太會看這項，導致 1% 和 2% 的管理費拉長十年就是 10% 以上的複利差距。

**手續費**：基金公司如果跟自己券商下單是否會有手續費？你是否

曾想過類似的問題？答案就是會有，且這個太不透明，是可以不被公開揭露的成本。畢竟一般投資者說真的，你問他你投資的基金管理費多少？99％投資者可能連基金名稱都不知道還管理費？所以手續費是一個隱形大坑！是你可能不知道的**必然隱性成本**。

**匯差費**：如果透過基金購買國外金融商品是否有匯差問題，這也是必然的（換匯手續費）！所以基金的交易次數越多，這**必然的隱性成本**也會越多

**管理成本**：台灣基金琳瑯滿目，上千檔，但為何近幾年0050台灣五十這檔最多人提起和購買？答案：他是買入股票的被動型基金。因為主動型基金80％都是無法打敗指數的，意思就是前面所提到的，你花了100％風險就是希望80％的報酬可以比大盤多，但問題是必須支付相當多**必然的隱性成本**，所以被動型基金之所以竄起，就是因為主動型真的普遍績效都太差，好比每個基金經理人都是在起始投資.99元的狀況跟100元的自主投資人拚長期績效（要記住自主投資人不用管理費）……只有能力真的很強的經理人才會冒出頭！而這些人通常都為有錢人服務居多，屬於閉鎖式基金。這裡就不另外詳敘。

**道德風險**：這個有以下新聞：

---

開會聽到長榮等 5 檔……4 大投信 6 基金經理人「跟單」炒股獲利 2.7 億遭訴

富邦、國泰、復華、保德信投信林姓、李姓、吳姓、莊姓及 2 名賴姓共 6 名前基金經理人，涉嫌自 2017 年起，利用代操基金及參加公司投資決策會議之便，以親友人頭帳戶進行「跟單」，交易與基金買賣標的相同的股票，6 人藉此獲利共 2 億 7724 萬餘元。新北地檢署依違反證券投資信託及顧問法特別背信及洗錢等罪起訴 6 人，另有一名簡姓基金經理人尚在偵辦中。

檢調查出，涉案 6 名基金經理人共負責上述 4 間投信共 17 檔基金，為此部分涉案投信公司也遭到金管會裁罰數百萬元。其中獲利最多的是任職於富邦投信的林男，個人獲利高達 2 億 4528 萬餘元，其餘李男獲利 883 萬、吳男 399 萬、莊男 79 萬，2 名賴男各 516 萬、1317 萬餘元。

檢調調查，6 人因參加公司晨會、基金績效檢討會議、投資管理團隊會議等內部會議，提前得知其負責的基金將購入中鴻鋼鐵、長榮海運、台塑、儒鴻、亞泥等特定股票進入基金股票池，於是在基金前數日或同日，透過親友證券戶買進，待基金進場後拉抬股價，再反手出脫持股獲利。

（資料來源：聯合新聞網）

---

換作是你，你會乖乖領少少的底薪，還是跟他們一樣呢？想當初我在大學上課，有許多內線賺到錢的業界老師，如此的交易，又有多少可能是不被揭露的呢？這個答案應該就交給你去判斷了！

### ▶ 元大道瓊白銀 ◀

談到台灣跟白銀最相關的國內 ETF 就是元大道瓊白銀,該基金是指數型基金。指數型基金基本上就是追蹤指數為主,以白銀 ETF 就是**交易道瓊白銀 ER 指數成分期貨契約**為主。因此會有剛剛敘述的以下隱性成本:**管理費、手續費、匯差費**,另外還有所謂的**換倉成本**!

**換倉成本**:為了不實體交割,元大道瓊白銀 ETF 隔幾個月會換倉一次,換倉產生的點差成本稱之換倉成本。再白話點就是期貨交易在換月合約時,價格基本上都會不一樣,每個月都會在換倉成本上損失一些淨值。

如圖十八,00738U 就是元大道瓊白銀,USDTWD×SILVER 是白銀台幣價格,自 2018 年設立以來績效＋36.39％,白銀台幣價格是＋79.97％。才設立 6 年,吃掉了 43％的報酬率,換算一年單利為7％。這 7％就是所有**隱性成本**加起來每年的損耗百分比。

試想你如果是投資人,只看到表六,元大道瓊白銀的相關資料,即使你真的很認真看了管理費是 1％,嗯……我得說你很認真但還不知道指數型基金可怕的地方就是會:**歸零下市**。因為高昂的換倉成本,指數型基金最後都會歸零,尤其是槓桿型 ETF,速度會更快。

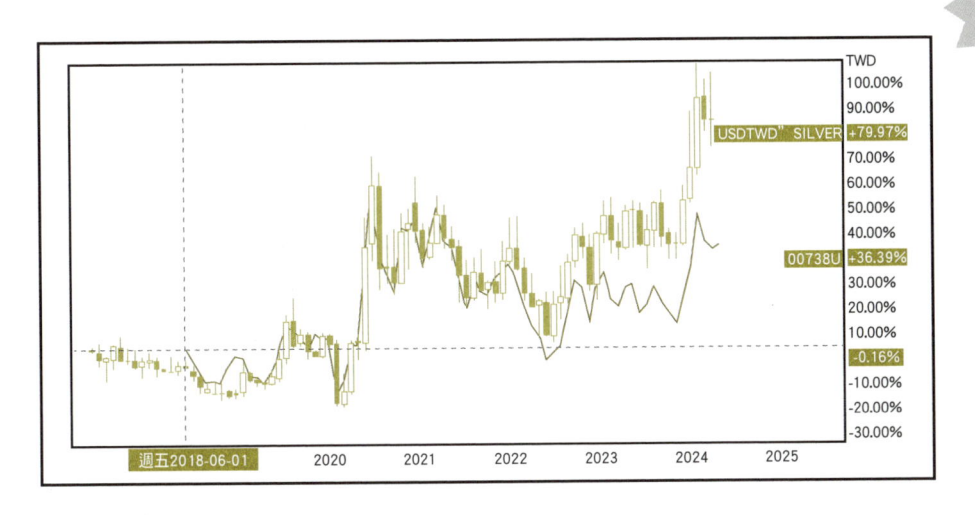

圖十八：元大道瓊白銀 ETF VS 台幣白銀價格（1oz）

資料來源：TradingView 軟體

問：那何時可以買入元大道瓊白銀 ETF？

答：除非你知道很快就會大幅反轉，否則持有該 ETF 時間上會消耗其基金淨值。對投資人壓力很大！試想你每兩個月就要支付 1% 的成本，換作是我就不會碰該金融商品！

| | | | |
|---|---|---|---|
| ETF 名稱 | 期元大道瓊白銀 | 交易所代碼 | 00738U |
| 英文名稱 | Yuanta DJCI Silver ER Futures ETF | 交易單位 | 1000 股/張 |
| 發行公司 | 元大投信 | 交易所 | TSE |
| 成立日期 | 2018/05/23(已成立 6 年) | 計價幣別 | 台幣 |
| ETF 規模 | 1,322.00(百萬台幣)(2024/07/31) | 淨值幣別 | 台幣 |
| 成交量(股) | 783,508(月均 766,558) | ETF 市價 | 26.5000(08/30) |
| 投資風格 | | ETF 淨值 | 26.6900(08/29) |
| 投資標的 | 期貨選擇權商品 | 折溢價(%) | -0.37(月均:0.05) |
| 投資區域 | 全球 | 配息頻率 | |
| 管理費(%) | 1 | 殖利率(%) | N/A(08/30) |
| 總管理費用(%) | | 年化標準差(%) | 27.85(08/30) |
| 選擇權交易 | | 融資交易 | Y |
| 槓桿多空註記 | | 放空交易 | Y |
| 經銷商 | | | |
| 保管機構 | 土地銀行 | | |
| 經理人 | 潘昶安 | | |
| 追蹤指數 | 道瓊白銀 ER 指數 | | |
| 經銷商 | 道瓊全球指數 | | |

表六：元大道瓊白銀資料

資料來源：MoneyDJ 網頁

## ▶ 實體貴金屬 VS 虛擬貴金屬 ◀

虛擬貴金屬一詞是指非實體但跟金銀價格波動有關係的投資商品，例如像黃金基金、黃金存摺和白銀 ETF 等等，流動性高，交易時間可以直接買進賣出的標的。

因此區分虛擬和實體貴金屬投資關鍵在於：**有沒有拿到實體貴金屬。**

PS：坊間目前有些**詐騙**都會訛說實體投資，但實際上投資人本身就不曾收到過任何實體！這邊還是再提醒一下投資人，如果你投資的項目告知你是投資實體貴金屬，請務必要**拿到或是兌換過實體金銀**！未來貴金屬趨勢展開時，我相信會有更多貴金屬詐欺的案例存在！

實體和虛擬會有以下差異：

### ① 支付溢價

在實體投資裡溢價一詞非常重要！堪比金銀比的重要程度！

---

實體貴金屬成本＝原料價格（或賣價）＋溢價（加工成本＋運輸＋稅＋需求）

虛擬貴金屬溢價＝原料價格（或賣價）＋溢價（第一次手續費和匯差成本）

溢價百分比計算＝溢價 / 原料價格（或賣價）

---

舉例實體黃金和黃金存摺的溢價差如圖十九。

虛擬黃金我們直接看黃金存摺：
買入成本 2,607＝2,575（賣出價格）＋32（溢價）

黃金存摺溢價百分比計算為：32/2,575＝**1.24%**

實體黃金則是看台銀金鑽條塊一台兩的報價為：
買入成本 99,015＝96,563（賣出價格）＋2,452（溢價）

台銀金鑽條塊一台兩溢價百分比計算為：2,452/96,563＝**2.54%**
**這例子可以得出實體黃金比虛擬黃金溢價高出至少兩倍以上！所以第一次支付的溢價全部都是虛擬貴金屬投資商品的比較低。（如果有相反都是詐騙⋯⋯）**

| 品名/規格 | | 單位：新臺幣元 |
|---|---|---|
| 黃金存摺 | | 1 公克 |
| | 本行賣出 | 2607 |
| | 本行買進 | 2575 |

| 品名/規格 | | 單位：新臺幣元 | | | |
|---|---|---|---|---|---|
| 黃金條塊 | | 1 公斤 | 500 公克 | 250 公克 | 100 公克 |
| | 本行賣出 | 2,616,886 | 1,310,002 | 655,780 | 262,796 |
| | 黃金存摺轉換金品應補繳款 | 9,886 | 6,502 | 4,030 | 2,096 |

| 品名/規格 | | 單位：新臺幣元 |
|---|---|---|
| 臺銀金鑽條塊 | | 1 台兩 |
| | 本行賣出 | 99,015 |
| | 本行買進 | 96,563 |
| | 黃金存摺轉換金品應補繳款 | 1,253 |

圖十九：台灣銀行黃金歷史牌價

資料來源：台灣銀行網頁

## ② 有無持續費用

實體貴金屬基本上拿回家就沒持續費用，只需要繳付一次性的溢價成本。黃金存摺也不需要持有成本，但你如果有接觸其他虛擬貴金屬投資，一定要了解是否有類似一般基金或指數型基金的持續消耗成本！否則入金投資後，每天貢獻券商一些，久了就是一大筆成本了！（重申：我個人是不投資虛擬貴金屬商品的！）

## ③ 交易對手風險

投資人一般接觸到貴金屬投資，一般都是在考量流動性問題。虛擬貴金屬投資一般不太需要擔心**交易對手風險**。

交易對手風險：是指金融和投資領域的重要概念。交易對手風險指的是參與金融交易的其中一方可能違約或未能履行合約義務，導致另一方的財務損失。簡單來說，就是您的交易對象不能或不願履行其交易義務的風險。

當虛擬投資要出場時，一般來說你都可以很快地找到賣方出售你的投資部位，但實體投資則是要自己找尋買家購買，需要刊登和尋找的機會成本，否則就會陷入丟給資源回收場的高溢價折損問題（稍後篇章會再詳細解釋賣出問題）。

問：那虛擬投資一定沒有交易對手風險嗎？

答：如果市場出現暴漲暴跌，或是該基金管理不善都可能會出現交易對手風險。

類似的事件在加密貨幣圈滿常見的，就是發行加密貨幣 ETF 或交易所，投資人一開始都可以很順利出入金，直到因為巨幅的市場波動導致投資人擠兌，才爆發無法變現的風暴。

原因都是持有該虛擬投資的加密貨幣 ETF 或交易所將原本投資人的資金挪為他用，導致如騙局式的展開與結束！所以一般市場行情實際上投資虛擬貴金屬商品可能都不會有大問題，但一旦遇到市場暴漲暴跌，連知名的白銀實體 ETF：安碩白銀 ETF（iShares Silver Trust，之後簡稱 SLV），在 2020 年大缺銀時公告投資人已超越基金淨值超買。

在實體有限的狀況下，只要投資不斷買入就會拉高該 ETF 價格，產生 SLV 價格超越基金實體白銀淨值過高，公司呼籲投資人不要再追買的新聞！（因為該實體 ETF 無法建立更多的實體部位）。所以不論其基金或公司是否因道德風險產生交易對手風險，在一般正派經營的狀況也可能會有諸如此類的風險存在。

實體投資也會具有交易對手風險，但，一般而言是在**自行可以控制的狀況下**，因為找尋買家過程中，自行處理可以掌握多種狀況，但也會較耗時和需要學習賣出的相關知識！

### ④ 變現流動性

除去交易對手不履約風險討論變現流動性問題，實體投資賣出過程中要主動尋找買方勢必較耗時和繁瑣。而投資人如果懶得找買家直接送至銀樓或是專門回收貴金屬的商家或個人，溢價損耗就會更大！

舉例：假設你買了一枚楓葉銀幣價格為 1,200 元，期貨價格為 1,000 元，200 元就是你支付的溢價，溢價百分比就是 20%。這時回收廠商給你 1,000 元的報價直接變現回收，你就需要支付 20% 的溢價損耗！（後面還會針對實體賣出詳細論述）。

## ⑤ 數量限制

虛擬投資基本上沒有數量限制，就連剛剛提到的 SLV 實體 ETF 也可以被爆買，只要你有資金，基本上還是可以一直買，只不過該基金的實體是有限的，所以你一直爆買單位只會多付出淨值溢價這樣。

實體投資則會有數量上的限制，有形的金銀在地球上本來就是有限的，所以當金銀熱起來後，當一小部分人轉向實體投資，就會讓實體的價格遠高於虛擬投資的訂價許多，造成溢價大幅上揚的狀態。

所以當真正的債務危機發生時，法定貨幣也會有問題，這時大家只想拿到實體來保護自己的購買力時，實體投資的魅力和溢價將會無比誇張……

## ⑥ 去中心化

虛擬資產有所謂中心化的問題，受到管理者的監管和政府的控制，因此如果遇到戰爭或是極端事件，是有機會被充公的目標！中心化一詞就是被集中、監管之意。

去中心化代表並不屬於集中管理，可以屬於個人、任何一個單位擁有。實體投資的去中心化就是法定貨幣。法定貨幣是央行集中在控制流量和去向的**財富扣取工具**，因此購買實體金銀則是對沖法定貨幣增發貶值的風險！

## ⑦ 存放問題

實體投資就會有存放的問題，虛擬投資則看標的，SLV 有存放問題，但是基金公司處理，黃金存摺這種就沒有所謂實體，因此沒有存放問題。

## ⑧ 鑑定問題

虛擬投資此問題也是交給基金或公司處理，實體投資則是需要基本鑑定技術和知識，而我崇尚低成本的鑑定方式，可以到網路上搜尋「磁滑軌、水秤法」等等關鍵字，辨認實體黃金白銀真假的低成本方法。因為影片會比文字更有說服力。

## ⑨ 信用問題

信用問題就是當你投資了該實體或虛擬金銀商品，賣出時是否會因為你信用上的問題導致賣出有阻礙稱之信用問題。虛擬投資上較不會有賣出的信用問題，而是實體投資在賣出尋找買家而非資源回收場時，會有個人的信用問題。

所以我曾經遇到過，因為我的信用比較好，所以買家願意貴一點也要跟我買的狀況。在賣出的篇章也會告訴大家該如何處理！

藉由以上實體與虛擬投資比較產生了表七如下：

| 項目比較 | 實體金銀投資 | 虛擬金銀投資 |
|---|---|---|
| 支付溢價 | 較高 | 較低 |
| 有無持續費用 | 無 | 通常會有 |
| 交易對手風險 | 可個人控制 | 無法個人控制 |
| 變現流動性 | 較差 | 較好 |
| 數量限制 | 有限 | 無限 |
| 去中心化 | 去中心化 | 中心化 |
| 存放問題 | 有 | 無 |
| 鑑定問題 | 有 | 無 |
| 信用問題 | 有 | 無 |

表七：實體金銀投資 VS 虛擬金銀投資

資料來源：作者提供

## 第二節
# 實體黃金買賣

### ▶ 實體黃金買賣市場概述 ◀

談到實體黃金，一般投資人都會先想到銀樓，實際上目前臺灣的實體黃金市場會有以下的**賣出管道**：

### ① 銀樓：

銀樓基本上會分**條塊**和**飾品**，回收買入的價格每家不一樣。但通常飾品類的打折回收幅度會比較高。而銀樓通常都使用台兩作為基本單位，十台錢為一台兩（一台錢為 3.75 公克）。只要看到他們報價基本上都是台兩報價，如圖二十：

圖二十：天水銀樓網站牌價，2024 年 8 月 31 日截圖

資料來源：天水銀樓網站

可以看到會有黃金回收是指實體條塊，飾金回收價格會再差一些！因此飾金絕對不會是我們投資實體黃金的主要選項。而每家銀樓的網站報價都不一樣，主要在於**周轉率**的問題。周轉越快的銀樓會公告較高的回收報價，因為買賣得快，自然可以給消費者越高的報價來增加回收價格的競爭力。

不過要注意銀樓會有以下問題：

**高溢價差**：8 月 31 日銀樓公會公告賣出價格為 10,050，該銀樓回收為 9,610，則可以是算可能的溢價百分比為 4.57%，比台灣銀行高出兩個百分比。

**扣重耗損**：有些銀樓會有扣重的問題，所以公定是公定價格，實際上成交有可能會是另一回事，因此要貨比三家。

**純度問題**：我還有聽過少數會有質疑純度問題的扣重，所以這個真的要多問，不要因為急售就被質疑純度問題，給過差的回收價格給回收。

**銀樓品牌問題**：有些銀樓做出來的黃金不一定如證書或是鋼印顯示的 99.99％純度問題，有聽過少數純度未到的實體金條塊的販售。

結論：銀樓通常都是以飾金類需求經營才有較大商品價差利潤，所以如果單純要投資實體黃金，銀樓通常不會是好選擇。但如果突然急須現金，銀樓會是最快的變現回收管道之一，只是回收價格勢必較差。

### ② 台灣銀行：

台灣銀行目前是黃金流通最好的選項之一，具備**超低實體低溢價**和**透明的公告牌價**。不像銀樓還得討價還價或是可能的扣重問題。

但重點在於台灣銀行的黃金回售須注意以下幾點：

**金條 VS 金幣**：金條通常加工成本較低，溢價差也會比較低。金幣則相反，所以通常我都會選擇購買金條非金幣。

### 有無回收的品項：

前面敘述的圖十九有個重點，在於該黃金品項上是否有「本行買進」四個字，如果沒有則代表台灣銀行不負回收的責任。有些新手不知道買了台灣銀行不回收的品項，最後也沒找一般投資人承接，賣給銀樓時，我曾聽過 8％的溢價損耗。所以購買前一定要

先搞清楚台灣銀行有沒有回收。

**有無單據**：買了會回收的黃金品項後會拿到一張**「購買單據」**，行員也會提醒該品項回收一定要有單據，單據遺失是**不會回收也無法重新申請補發**，切記一定要保存好。即便賣給銀樓，銀樓看到有單據通常也會回收價格加分。

**有無台灣銀行帳戶**：有台灣銀行的帳戶不用課徵千分之四的印花稅。

③ **貴金屬代理商**：

有些專門承做國外貴金屬產品的會被分類在此區。他們也會有公定的牌價，一般我不會在代理商這買黃金，稍後結論會解釋我主要去哪買實體黃金，此時只解釋回收賣出的面向。

代理商回收黃金一般都會採用**金橫制盎司（oz，31.1 公克）**來計算回收。在實體黃金買賣溢價上，你應該要多試著計算溢價來確保將來賣出是否在買進時支付過於高昂的溢價，導致賣出時的投資壓力。

如圖二十一所示：

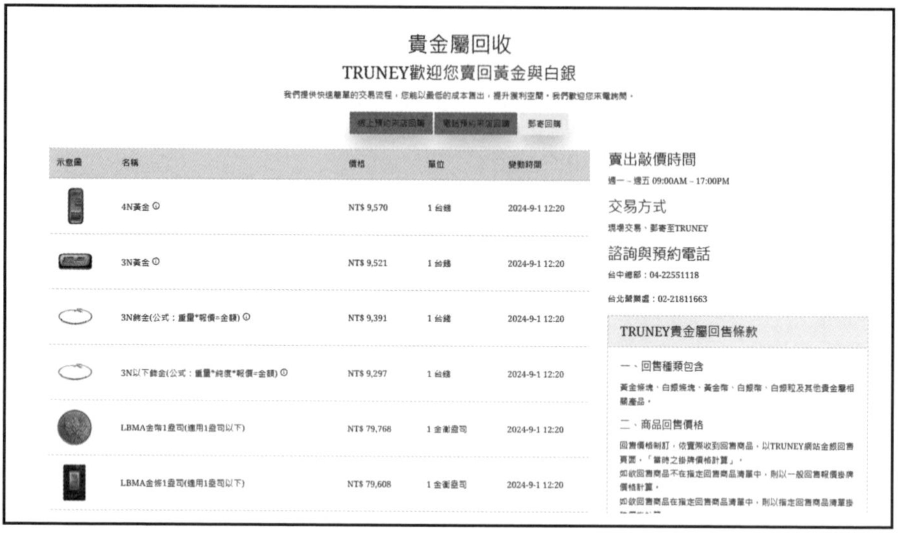

圖二十一：國內代理商 TRUNEY 回收頁面

資料來源：TRUNEY 網頁

## ④ 個人回收商：

有些個體戶會專門回收實體黃金，價格有的會比一般商家更好，因為個體戶不具備店面成本，所以自然回收價格也會好一些，但這些都還要投資人自己多比較溢價。

個體戶重點：通常會採取現金面交方式，否則是詐騙就很麻煩了！

## ⑤ 網路散戶：

可以到 FB 搜尋相關貴金屬社團買賣，**尋找散戶買家會是最好的賣出價格**。而本人也是**白銀線上黃金白銀買賣交換站社團**的版主。會建議有時間可以到該社團了解實體買賣的狀況。

缺點是需要時間，但優點就是**買賣價格會是最好的選項**。

表八為總結比較項目，1最好，4最差。

| 比較項目 | 銀樓 | 台灣銀行 | 代理商 | 個人回收商 | 網路散戶 |
|---|---|---|---|---|---|
| 變現速度 | 1 | 2 | 2 | 3 | 4 |
| 賣出價格 | 4 | 2 | 3 | 3或4 | 1 |
| 信用風險低 | 2 | 1 | 1 | 2或3 | 3 |
| 品項選擇 | 4 | 3 | 1 | 無 | 2 |

表八：黃金買賣比較表

資料來源：作者提供

**常見錯誤：評估買入商家一定要懂得計算該實體金溢價，並評估好賣出的可能狀況。**

## ▶ 黃金種類分重量純度 ◀

貴金屬的重量上主要有分**台兩**和**金衡制**兩種，如表九，如果你查到常衡制 1oz 為 28.34g，並非金衡制重量要特別注意！目前國際性的實體貴金屬幾乎都是採用金衡制！

**常見投資錯誤：金衡制一盎司是 31.103g，常衡制一盎司是 28.349g**

| 黃金單位換算 - 盎司、公克、台兩 |||
|---|---|---|
| 同等單位 |||
| 盎司 | 公克 | 台兩 |
| 1 | 31.1 | 0.8294 |

表九：金衡制 oz 換算公克和台兩

資料來源：作者提供

常見的重量分類有以下：

**1 公斤（kg）**：通常買到這種層級的為金工需求和大額投資人才會接觸到的品項，由於因為一條市價過於高昂，所以要找到投資者承接難度很高，最後往往都會往銀樓或代理商回收賣出。（**台銀目前不回收此項**）

**100g**：重量也是偏大，但還有機會在網路上賣出。（**台銀目前不回收此項**）

**1 台兩**：台灣適用單位，到國外這重量往往被當成原料單位，因為國外傾向用 oz 來秤重，台兩是台灣自己的度量衡制。所以如果有出國要賣，記得不要選擇台兩制。而此重量在台灣民間交易算是不錯的選擇。

**1oz**：依照國際金衡制打造的實體黃金，通常都是國際金條金幣。金條的溢價會相對金幣較低。

**1oz 以下**：有 1/2oz、1/4oz、1/10oz、1/20oz、10g、5g、1g 等等常見重量。隨著重量越輕，購買溢價越高。

因此如果按照**幻彩條塊金條**重量舉例台灣銀行牌價，可回收的溢價表如表十。

| 幻彩條塊重量別 | 台銀買入價 | 台銀賣入價 | 溢價百分比 |
|---|---|---|---|
| 1台兩 | 96,593 | 99,015 | 2.5% |
| 1oz | 80,083 | 82,225 | 2.67% |
| 20g | 51,500 | 54,044 | 4.93% |
| 10g | 25,750 | 28,434 | 10.42% |
| 5g | 12,875 | 14,919 | 15.87% |
| 1g | 2,575 | 3,672 | 42.6% |

表十：幻彩條塊重量差的溢價百分比

資料來源：作者提供

所以實體投資會依照計算溢價找尋合理的品項，在大家接受度高，溢價又相對低的選擇下，一般都會選擇 **1台兩或1oz** 為持有單位。很多新手不知道市況時，常常會選擇錯誤的黃金重量，導致賣出時，溢價無法收回，大幅折損報酬或是虧損的狀況時常發生。

**常見投資錯誤：買入重量低於 1oz 的實體黃金導致支付高額溢價成本。**

### ▶ 金章金幣金條 ◀

**金幣（gold coin）**：指有法定面額的實體黃金，一般都是圓形鑄造。

**金章（gold round）**：指無法定面額的實體黃金，一般都是圓形鑄造。

**金條（gold bar）**：形狀呈現長方形的條塊。

如圖二十二圖例：

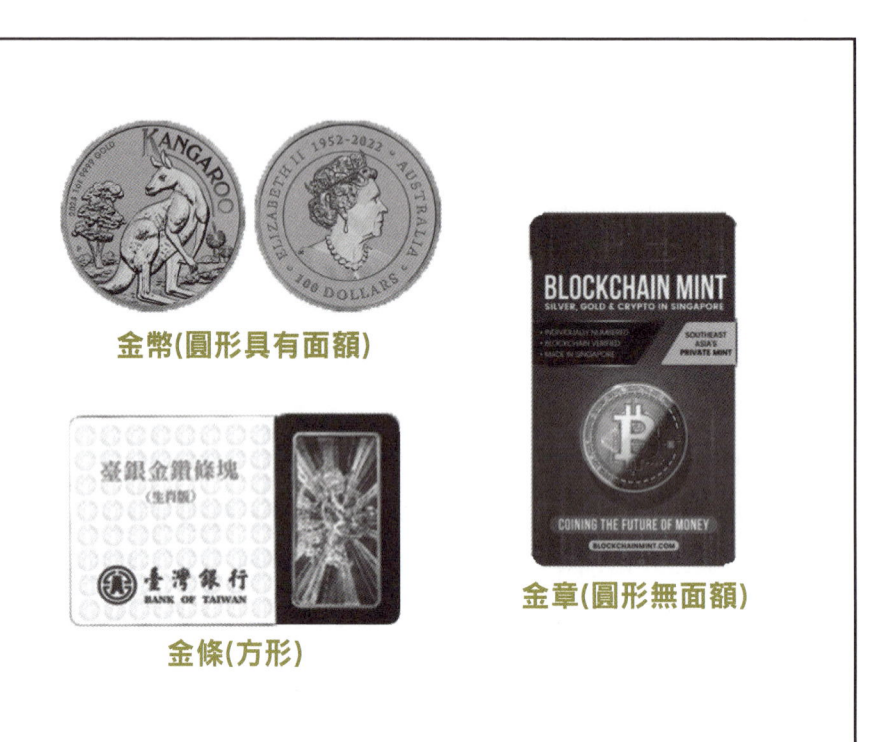

金幣(圓形具有面額)

金條(方形)

金章(圓形無面額)

圖二十二：金幣金章金條例圖

資料來源：台灣銀行、作者提供

三者間的溢價差通常由多至少：金幣＞金章＞金條。

金幣具有面額和加工成本，在削切圓形的鑄工下，製作成本會相較金條高昂。因此在實體黃金投資溢價最低選擇下，**我都會選擇金條**！

**常見投資錯誤：搞不清楚何謂金幣、金章及金條詞彙差異。**

## ❯ 純度和重量標誌 ❮

在黃金的投資上常常會有 9999 或 999 的標誌，此為純度意思，通常會用 4N 代表 4 個 9 或 K 金表示如以下。

黃金純度詞語：

4N ＝ 9999　　＝ 99.99％ 純度
3N ＝ 999　　　＝ 99.90％ 純度
2N ＝ 99　　　＝ 99.00％ 純度
1N ＝ 9　　　　＝ 90.00％ 純度

24K 金　　　　＝ 99.99％ 純度
22K 金　　　　＝ 91.66％ 純度（22 / 24 ＝ 91.66％）
20K 金　　　　＝ 83.33％ 純度（20 / 24 ＝ 83.33％）

一般都會選擇 3N 以上的純度作為實體黃金投資的首選，且在**黃金上必須要有明確的純度和重量鋼印或是標誌**。如果沒有該標誌會導致賣出時還要檢驗等等，費時又費工。

**常見投資錯誤：買了沒有重量純度標誌的造成脫手不易或是回收大幅折損價格。**

### ❯ 普製、特殊加工、鑑定、古幣及溢價幣 ❮

**普製幣：**普製幣可分為幣商的角度和我自己的的角度，有不同意思：

幣商普製幣：鑄幣廠在鑄幣時，常常會把金銀幣做加工上的等級區別。等級最低的就是普製幣等級。

我的普製幣意思：在跟其他投資者聊天時，我用的普製幣意思是指**溢價最低，最常見的實體金銀**的意思。例如楓葉金幣、袋鼠銀幣等等。

**特殊加工幣：**加工幣在詞彙上會有很多名詞如下表十一：

| 加工詞彙 | |
|---|---|
| 精鑄 | 再加一層拋光加工的幣，表面會比較平整。 |
| 鍍金鍍 X | 在金銀表面鍍其他金屬上色。 |
| 仿古 | 用藥水製造出老舊的效果。 |
| 上色 | 用顏料上色非金屬上色。 |
| 高浮雕 | 將實體做成立體形狀。 |

表十一：加工幣詞彙

資料來源：作者提供

有興趣可以到 FB 社團看這些差異，在實體世界裡，加工品項五花八門。

圖二十三：鑑定殼圖

資料來源：作者提供

**鑑定幣：**

指經過特定鑑定機構用塑料包裝而成的幣，如圖二十三。

有些收藏家或廠商會將幣送至評比機構，評分後依照分數定價販售。如果你有收藏品想送評，可以至台灣某些商家送評。

**鑑定殼幣上會有以下資訊：**
**1.名稱**
**2.分數**
**3.序號**

分數上會有 MS 指普製幣，PF 指精鑄幣，其他代號則可以查閱鑑定商官網。在英文後面的雙位數則是分數。70 分為滿分。因此圖片寫 PF70，指的是該枚幣精鑄滿分的意思。

而序號則是 5759402-064，可以上幣商官網查詢，瞭解送評的數量和分數狀況。

**古幣：** 有些超過將近 50 年以上的歷史法定銀幣稱之古幣，在台灣常見就是日本龍銀和袁大頭。

如圖二十四，這是我親戚的幣，雖然上方兩枚龍銀是假的，但下方袁大頭是真的😆。以前日本龍銀會這麼多造假都是跟當時民國三十八年四萬換一元有很深的關係。（因為以前白銀價值相當高。蔣介石親衛兵曾三人領一枚銀元當月薪）

圖二十四：古幣

資料來源：作者提供

**溢價幣：**在本書裡普製幣（品）和溢價幣（品）的定義會是採用**溢價高低**來決定，如圖二十五。

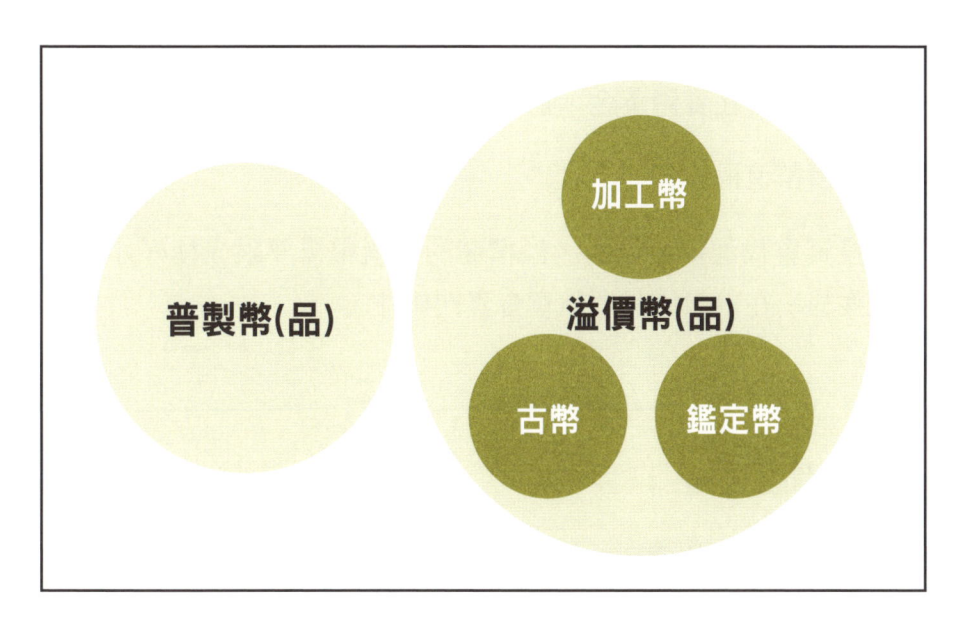

圖二十五：普製幣（品）VS 溢價幣（品）

資料來源：作者提供

101

一般流通極廣且溢價低的金條和金幣稱為**普製幣（品）**，例如幻彩金條，袋鼠金幣等等溢價不高的普通投資品項。

溢價幣則是除了普製幣以外的品項，具有較高的溢價。動輒 10％以上的高溢價在實體黃金，稱之溢價幣。

問：溢價幣值得投資嗎？

答：投資會找溢價最低的，溢價高的溢價幣需要眼光極好才會有機會獲利。在白銀的品項篇章會專門概述。

## ❯ 黃金買賣結論 ❮

介紹了以上買賣的資訊，之所以在部分資訊像黃金貴金屬代理商並未多敍述，是因為我買黃金的去處十分單純：**台灣銀行**。

**買進考量溢價**
**賣出考慮溢價回收**

溢價回收一詞算是非新手在使用的。因為新手剛入實體貴金屬投資常常會忽略溢價的重要，更不用說考慮到賣出時，溢價是否能回收的狀況！那溢價回收是什麼呢？說白話就是賣出時能拿回多少溢價！

如果你今天考慮變現性最快的銀樓，銀樓的回收價格通常較低，這時你就會認賠當初買進的溢價成本，但如果賣給了其他散戶，可能就可以溢價回收，讓你在買賣過程中，溢價成本接近零，甚至還可以賺到溢價。

**買進黃金：我會去台灣銀行買 1oz 或 1 台兩的金條。**

**原因：溢價最低且回收牌價透明公正。**

**賣出黃金：**
1. **則是網路找尋其他散戶承接。**
2. **賣回給台灣銀行。**

**原因：**
1. **找散戶承接賣給他一半溢價，那他也會覺得不用去台銀支付全額溢價，我的品項是相對便宜的好選擇。**
2. **如果沒找到人，台銀還可以接手我的品項。乖乖支付溢價損失。**

除了以上的狀況也可能會有其他狀況產生，例如散戶賣給我的價格太低，計算出溢價後，有時候也是可以買進，但記得我一定都會先考慮到脫手的溢價回收問題。先想好賣出的可能地點和了解回收或可能的出售市價，這樣未來賣出時才不用再繳學費。

**好的投資者：賣出策略在你買進時就要想好。**

## 第三節

# 實體白銀買賣

> ❯ 台灣實體白銀的市場歷史 ❮

實體白銀的買賣管道會和黃金稍微有點不同，因為實體白銀在臺灣的接受度普遍相對於黃金低許多，且實體白銀的溢價也相對黃金平均數值較高！所以以下的篇章先讓你了解，白銀在臺灣市場的歷史。

臺灣的貴金屬代理商的崛起是在 2011 年白銀期貨達到 50 美元高峰期，當時有三家代理商讓我印象深刻：**Booksilver**、**Truney**、**豐榮銀幣**。在 2011 年以前臺灣並沒有一個主要的貴金屬代理商在臺販售。現代的黃金與白銀的相關投資商品，如果想在 2011 年以前買到該品項，例如像袋鼠銀幣，你只能去臺灣銀行、郵幣社或者去國外進口才能取得該品項。所以目前對臺灣的白銀投資者而言，白銀投資在國內可購買的品項狀況，比以前都還要好很多！因為 2011 年以前你如果只是想要買實體白銀，透過非代理商的方式購買，溢價會非常的高！

2023 年剛好在社團上遇到一些幣友，甚至有的老幣友是在 1999 年之後就有開始購買白銀，他有給我了一些資料，如圖二十六，大家可以看到 2006 年的袋鼠銀幣（1oz）在臺灣銀行的販售下 651 台幣。當時白銀期貨為 10 美元，台幣 32 元兌 1 美元，台幣

的白銀銀價就是 320 元 1oz。

2006 年在台銀買袋鼠銀幣**溢價百分比為：103%**（溢價百分比算法：〔651-320〕/320）

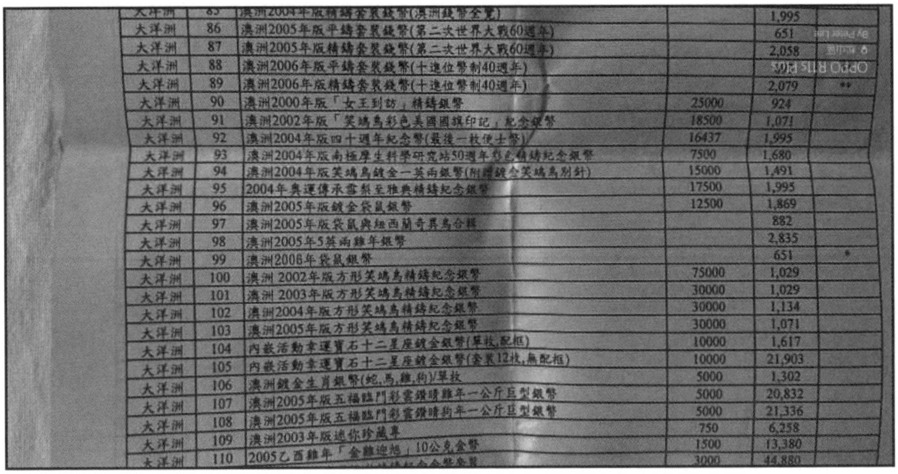

| | | | | | |
|---|---|---|---|---|---|
| 大洋洲 | 85 | 澳洲2004年版精鑄套裝錢幣(澳洲錢幣全覽) | | 1,995 | |
| 大洋洲 | 86 | 澳洲2005年版平鑄套裝錢幣(第二次世界大戰60週年) | | 651 | |
| 大洋洲 | 87 | 澳洲2005年版精鑄套裝錢幣(第二次世界大戰60週年) | | 2,058 | |
| 大洋洲 | 88 | 澳洲2006年版平鑄套裝錢幣(十進位幣制40週年) | | 924 | |
| 大洋洲 | 89 | 澳洲2006年版精鑄套裝錢幣(十進位幣制40週年) | | 2,079 | ** |
| 大洋洲 | 90 | 澳洲2000年版「女王到訪」精鑄銀幣 | 25000 | 924 | |
| 大洋洲 | 91 | 澳洲2002年版「笑鴗鳥彩色美國國旗印記」紀念銀幣 | 18500 | 1,071 | |
| 大洋洲 | 92 | 澳洲2004年版四十週年紀念幣(最後一枚便士幣) | 16437 | 1,995 | |
| 大洋洲 | 93 | 澳洲2004年版南極厚生科學研究站50週年彩色精鑄紀念銀幣 | 7500 | 1,680 | |
| 大洋洲 | 94 | 澳洲2004年版笑鴗鳥鍍金一英兩銀幣(附贈鍍金笑鴗鳥別針) | 15000 | 1,491 | |
| 大洋洲 | 95 | 2004年奧運傳承雪梨至雅典精鑄紀念銀幣 | 17500 | 1,995 | |
| 大洋洲 | 96 | 澳洲2005年版鍍金袋鼠銀幣 | 12500 | 1,869 | |
| 大洋洲 | 97 | 澳洲2005年版袋鼠與紐西蘭奇異鳥合輯 | | 882 | |
| 大洋洲 | 98 | 澳洲2005年5英兩雞年銀幣 | | 2,835 | |
| 大洋洲 | 99 | 澳洲2006年袋鼠銀幣 | | 651 | * |
| 大洋洲 | 100 | 澳洲 2002年版方形笑鴗鳥精鑄紀念銀幣 | 75000 | 1,029 | |
| 大洋洲 | 101 | 澳洲 2003年版方形笑鴗鳥精鑄紀念銀幣 | 30000 | 1,029 | |
| 大洋洲 | 102 | 澳洲2004年版方形笑鴗鳥精鑄紀念銀幣 | 30000 | 1,134 | |
| 大洋洲 | 103 | 澳洲2005年版方形笑鴗鳥精鑄紀念銀幣 | 30000 | 1,071 | |
| 大洋洲 | 104 | 內嵌活動幸運寶石十二星座鍍金銀幣(單枚,配框) | 10000 | 1,617 | |
| 大洋洲 | 105 | 內嵌活動幸運寶石十二星座鍍金銀幣(套裝12枚,無配框) | 10000 | 21,903 | |
| 大洋洲 | 106 | 澳洲鍍金生肖銀幣(蛇,馬,雞,狗)/單枚 | 5000 | 1,302 | |
| 大洋洲 | 107 | 澳洲2005年版五福臨門彩雲鑽晴雞年一公斤巨型銀幣 | 5000 | 20,832 | |
| 大洋洲 | 108 | 澳洲2005年版五福臨門彩雲鑽晴狗年一公斤巨型銀幣 | 5000 | 21,336 | |
| 大洋洲 | 109 | 澳洲2003年版迷你珍藏車 | 750 | 6,258 | |
| 大洋洲 | 110 | 2005乙酉雞年「金雞迎旭」10公克金幣 | 1500 | 13,380 | |
| 大洋洲 | [illegible] | [illegible] | 3000 | 44,880 | |

圖二十六：2005 年台灣銀行販售品項宣傳單

資料來源：幣友提供

現在 2024 年 9 月 2 號，台幣銀價 917 元，袋鼠銀幣約 1,080 元，溢價百分比為約 **17.7%**。但用 2006 年的溢價換算成目前售價，袋鼠銀幣就會是：1,827 元/1oz。非常驚人！這時你就不太可能會買。因此學會計算溢價有沒有很重要呢？（在本書中溢價一詞絕對會時常拿出計算！）

## ▶ 實體白銀買賣市場概述 ◀

### ① 銀樓：

一般來說銀樓不賣實體白銀投資品項，只賣些銀飾品。所以買白銀不會去銀樓，賣白銀更不會去！因為銀樓沒有專門在賣，導致回收價格會奇差，甚至很多是不回收的。如表十二。換算白銀回收價格成 1oz 為 746 元，期貨價格為 917 元／1oz，落差就會非常大非常可怕。所以**銀樓基本上不會是投資實體白銀的管道**。

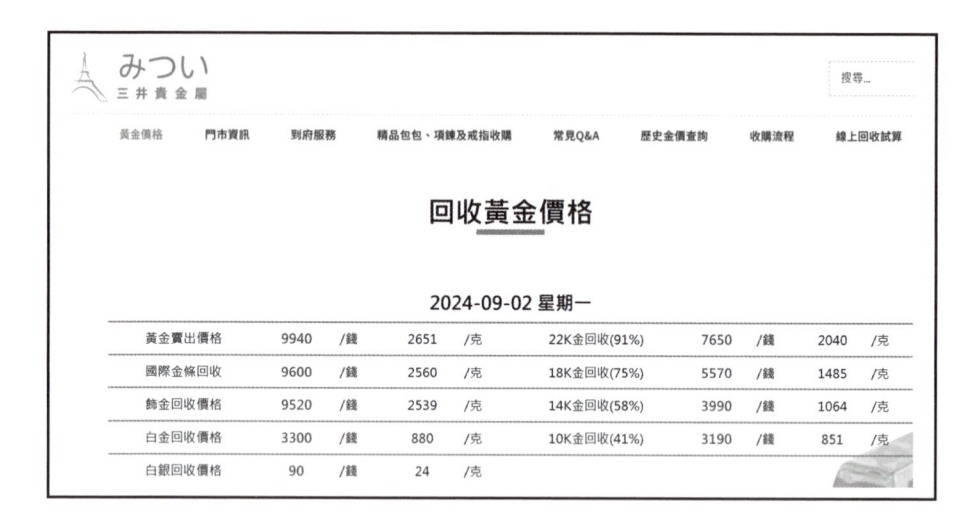

| 回收黃金價格 2024-09-02 星期一 | | | | | | | | | |
|---|---|---|---|---|---|---|---|---|---|
| 黃金賣出價格 | 9940 | /錢 | 2651 | /克 | 22K金回收(91%) | 7650 | /錢 | 2040 | /克 |
| 國際金條回收 | 9600 | /錢 | 2560 | /克 | 18K金回收(75%) | 5570 | /錢 | 1485 | /克 |
| 飾金回收價格 | 9520 | /錢 | 2539 | /克 | 14K金回收(58%) | 3990 | /錢 | 1064 | /克 |
| 白金回收價格 | 3300 | /錢 | 880 | /克 | 10K金回收(41%) | 3190 | /錢 | 851 | /克 |
| 白銀回收價格 | 90 | /錢 | 24 | /克 | | | | | |

表十二：三井貴金屬銀樓回收報價

資料來源：三井貴金屬網頁

| 品名 / 規格 |  | 單位：新臺幣元 |
|---|---|---|
|  |  | 銀龍 100 公克 |
| 白銀條塊 | 本行賣出 | 6.237 |

| 品名 / 規格 |  | 單位：新臺幣元 ||||| 
|---|---|---|---|---|---|---|
|  |  | 1 公斤 | 10 英兩 | 2 英兩 | 1 英兩 | 1/2 英兩 |
| 笑鴗鳥銀幣 | 本行賣出 | 41,286 | - | - | 1,638 | - |
| 澳洲生肖銀幣 | 本行賣出 | 41,664 | - | 3,381 | 1,890 | 1,050 |
| 無尾熊銀幣 | 本行賣出 | 41,286 | - | - | 1,638 | - |

表十三：台灣銀行白銀品項

資料來源：台灣銀行網頁

## ② 台灣銀行：

台灣銀行目前販售的銀幣跟市價落差也是極大，也無回收價參考，因此台銀直接也是不考慮！如表十三，澳洲笑鴗鳥銀幣國內 1oz 最低約 1,200 元，台銀賣 1,638 元。如此比較價格，台銀並不是專門買賣白銀的好去處！

## ③ 貴金屬代理商：

目前國內有三家代理商較為知名，分別是：KITCO、炫麗珠寶及 TRUNEY。三家各自有些優劣，購買時要多計算溢價差異。

**KITCO**：2018 年進入台灣販售，如果貨架上有貨或是兩個禮拜到貨才會在網站上列出品項販售。白銀報價是未含稅的價格，投資者在結帳時會遇到需要加消費稅 5% 的狀況。

**炫麗珠寶**：炫麗主要的業務也是跟黃金較有相關，白銀品項則是選擇性販售。因此炫麗的白銀品項會稍微少一點，但有時候會有些便宜貨。

**TRUNEY**：TRUNEY 的白銀品項會比較多，有些則是預購品項，不能等的投資者不建議買。我常常遇到其他新手投資者被預購卡住等得有點煩（預購有的高達半年），而該處目前採用完稅後的價格販售。

### ④ 個人回收商或郵幣社

有些個體戶會專門回收實體白銀，價格有的會比一般商家更好，這邊跟黃金一樣，有時它們的回收價格因為無成本優勢，會優於代理商。

**個體戶重點**：一樣建議採取現金面交方式，否則是詐騙就很麻煩了！

郵幣社則是白銀的另一個管道，但坊間會偏好中文製品，中文製品就是指白銀表面本身都是中文註記。類似大陸的熊貓銀幣和台灣央行自己發行的套幣等等。有興趣的投資者也可以多跑跑看。

### ⑤ 網路散戶：

從網路上跟其他散戶購買目前成為一個很不錯的管道。2021 以前 FB 社團都是以郵幣主體的社團導向，並沒有專門現代金銀的販賣社團。因此自從 2021 後創立了**白銀線上買賣社團**後，我們傾向讓 925 以上純度的白銀在本版販售，避免古幣難鑑定的品項雜混進來。因為越是近代幣，品質和溢價的選擇都會更好。目前該社團已經成為許多人購買和賣出白銀的管道之一！

| 比較項目 | 銀樓 | 台灣銀行 | 代理商 | 個人回收商 | 網路散戶 |
|---|---|---|---|---|---|
| 變現速度 | X | 2 | 1 | 1 | 2 |
| 賣出價格 | X | X | 1或2 | 1或2 | 1或2 |
| 信用風險低 | X | 1 | 1 | 1或2 | 2或3 |
| 品項選擇 | X | 4 | 1 | 無 | 1 |

表十四：白銀買賣管道比較

資料來源：作者提供

## ❯ 白銀種類分重量純度 ❮

白銀的重量分類十分多，因為便宜的關係，各大鑄幣廠甚至私人加工商都可以生產出各式重量的白銀。如圖二十七為 WSB（WallStreetBets）的純銀製品。（我個人超愛這個😂，不過溢價太高沒買。）

圖二十七：WSB 8oz 純銀雕像

資料來源：作者提供

常見的重量分類有以下：

**1.100oz**
**2.1kg**
**3.10oz**
**4.5oz**
**5.1oz**
**6.1oz 以下**

白銀市場超多品項的狀況下，**投資溢價低的白銀商品，越重的投資級品項通常溢價越低**。這點跟黃金是一樣的。

除了在大缺銀時買過 100oz 和 1kg 銀條以外，目前配置幾乎是在 10oz 銀條和 1oz 銀幣為準。

純度部分在黃金有稍微介紹了幾 N 的純度標誌，而在白銀品項常見：

1.4N：9999
2.3N：999
3.925
4.900

這四類以 3N 和 4N 為基本選擇！純度低於 3N 的白銀我個人不會視為投資選項。因為近代白銀的普製幣都是純度 3N 以上了。

925 銀算是銀飾品（硬度需求）或早期白銀溢價幣的純度，近代幣做 925 純度相對 999 少許多。

900 一般都是以前官方流通法定銀幣，例如美國摩根銀幣和和平銀幣，是屬於真的法定銀幣。

問：那重量和純度配比來說，何種投資選擇最好呢？

答：10oz 和 1oz 的重量搭配 3N 純度目前認為是最好的投資配比。

> **普製幣** <

白銀普製幣主要有以下品項（投資級）：

① **美國鷹揚銀幣**

美國鷹揚銀幣是美國官方銀幣，於 1986 年 11 月 24 日首次由美國鑄幣局鑄造。銀幣重量為 1 盎司大小，法定面額為 1 美元。美國鑄幣局保證每 1 盎司含有 99.9％純銀。如圖二十八。

2021 年開始發行第二版，後方具有不一樣的老鷹圖案。

圖二十八：2024 年鷹揚銀幣正面

資料來源：美國鑄幣廠官網

圖二十九：鷹揚銀幣反面 兩種版本

資料來源：美國鑄幣廠官網

重量：1oz

純度：999，純度標誌為 Fine silver

單館數量：20 枚

單箱數量：500 枚

直徑：40.6mm

## ② 加拿大楓葉銀幣

加拿大楓葉銀幣是由皇家加拿大鑄幣廠每年發行的純銀銀幣，生產商是加拿大皇家鑄幣廠。

楓葉銀幣是加拿大的法定貨幣，面值為 5 加元，但是售賣的價錢並不是面值，而是取決於楓葉銀幣的實際市場價格。含銀量純度達到 99.99%（4N），最常見的版本是 1 盎司（31.103 克）的重量。如圖四十一，在 2014 年開始，銀幣表面增加了放射線式的線條作為防偽特徵，以及在楓葉枝旁邊有極為細小的年份字樣。如圖三十和三十一。

圖三十：楓葉銀幣第一版無楓葉防偽

資料來源：作者提供

圖三十一：楓葉銀幣第二版，有右下有小楓葉防偽雷雕

資料來源：加拿大鑄幣廠官網

重量：1oz

純度：9999

單館數量：25 枚

單箱數量：500 枚

直徑：38mm

### ③ 奧地利愛樂銀幣

維也納愛樂樂團銀幣是由奧地利鑄幣廠生產的；直至 2008 年，它在歐洲是最具知名度的銀幣。這款銀幣被大量生產作投資用途，由 2008 年至 2012 年間，銷量超過 5,400 萬枚。它是奧地利的法定貨幣，面值 1.5 歐元，重 1 金衡盎司，純度 99.9％。如圖三十二。

圖三十二：愛樂銀幣

資料來源：奧地利鑄幣廠官網

重量：1oz
純度：999 純度標誌為 Fine silver
單館數量：20 枚
單箱數量：500 枚
直徑：37mm（邊緣沒有齒痕）

### ④ 不列顛女神銀幣

英國不列顛銀幣是英國官方銀幣，於 1997 年首次由英國皇家鑄幣局鑄造。銀幣重量為 1 盎司大小，法定面額為 1 美元。英國皇家鑄幣局保證每 1 盎司含有 99.9％純銀。如圖三十三。最下方是在台灣普遍流通的銀幣圖案。

圖三十三：不列顛歷年演化圖案銀幣

資料來源：鑄幣廠官網製圖

重量：1oz
純度：999
單館數量：25 枚
單箱數量：500 枚
直徑：39mm

## ⑤ 南非克魯格銀幣

南非克魯格銀幣是南非官方銀幣，於 2017 年首次由南非鑄幣局鑄造。銀幣重量為 1 盎司大小，法定面額為 1 南非蘭特（R1）。南非鑄幣局保證每 1 盎司含有 99.9％純銀。如圖三十四。

圖三十四：南非克魯格銀幣

資料來源：APMEX 代理商圖片

重量：1oz
純度：999 純度標誌為 Fine silver
單館數量：25 枚
單箱數量：500 枚
直徑：39mm

## ⑥ 澳洲袋鼠銀幣

新的澳洲袋鼠 1 盎司銀幣，珀斯鑄幣廠擴大了其白銀投資硬幣的投資組合。2016 年為袋鼠元年，於 2015 年 9 月 21 日發行，因此 2016 以前的袋鼠銀幣非大量鑄造的投資等級（2016 年後的袋鼠只有年份不同和 2024 後背面改成國王頭）。銀幣重量為 1 盎司大小，法定面額為 1 美元。珀斯鑄幣局保證每 1 盎司含有 99.99％純銀。

圖三十五：澳洲袋鼠銀幣

資料來源：伯斯鑄幣廠官網

重量：1oz
純度：9999
單館數量：25 枚
單箱數量：500 枚
直徑：40.6mm

### ⑦ 各類 10oz 銀條

10oz 銀條分類上有**楓葉銀條、賀利士、摩根、陽光、水牛、獅王及光陽科**銀條等等，都屬於投資等級的實體白銀。但有些可能會產生停產或國內不進口的狀況。因此你還是記得：**多考慮購買溢價。**

## ▶ 溢價幣 ◀

溢價幣在初次發行時，往往都具有超過普製幣的溢價。這個溢價差額就是一開始投資人支付給幣商的額外成本。按照我這幾年市場的買賣狀況，溢價幣的獲利會因為其額外支付的溢價產生極大難度。還記得溢價公式嗎？

**實體貴金屬成本＝原料價格（或賣價）＋溢價（加工成本＋運輸＋稅＋需求）**

再詳細列出差距成為以下公式：

**實體貴金屬成本＝原料價格（或賣價）＋溢價（加工成本＋運輸＋稅＋投資需求＋收藏需求）**

一般普製幣很少會有收藏需求，而溢價幣初次上市發行時，就會含入收藏需求。幣商在賣時就會加一些價格賣。為了敘述該溢價幣狀況，我舉例一個成功和失敗的例子。

## 英國女王野獸系列（Queen of Beast）：

英國女王野獸介紹：

女王野獸硬幣是英國皇家造幣廠自 2016 年起發行的鉑金、金銀和白銀硬幣。每一種該系列都以女王野獸加冕典禮上出現的伊莉莎白二世，代表她的皇室血統。該銀幣作為第一枚兩盎司的英國銀幣而聞名。雕刻家喬迪克拉克（Jody Clark）設計了整個系列。2016 年 12 月，宣布推出全系列精製硬幣。2017 年，造幣廠開始生產鉑金版硬幣。2021 年 4 月，英國皇家造幣廠發行了第十一枚「完整硬幣」，其中包含全部 10 隻女王野獸，使該系列硬幣總數達到 11 枚。2021 年 4 月發行的金幣包括一枚重 10 公斤、面額 10,000 英鎊的「獨一無二」金幣。根據發行時的英國現貨價格，這枚 10 公斤金幣的內在殘值約為 411,000 英鎊。根據廣泛報導，這枚 10 公斤金幣是英國皇家造幣廠有史以來生產最重的金幣，其製作耗時 400 小時，打磨四天，被譽為「傑作」。英國皇家造幣廠宣布，完成者硬幣完善了女王野獸紀念系列。如圖三十六。

圖三十六：英國女王野獸系列銀幣

資料來源：代理商官網

該系列出世後產生的收藏溢價差到目前都擁有一定市場行情價！舉例 2022 年英國女王野獸 10 合輯銀幣 10oz，從初次在台灣發行售價為：11,200 台幣，到現在 15,000 台幣以上，逐年上漲。算是一枚成功的溢價幣！（同時期普製幣 1oz 從 900 台幣到 1,100 台幣）

**成功的溢價幣在初次發行後就會越來越貴。**

**不丹生肖系列：**

圖三十七：2023 不丹兔年銀幣

資料來源：APMEX 官網

不丹生肖系列在國內和國外都比較冷門，但初次發行時就會偏普製幣貴一點，因此歸類在溢價幣內。正面是生肖，背面則是不丹國徽，整個系列上的題材主要就是：背面圖片對稱性美和生肖。但因為這個題材太過冷門，所以購買者後面想像成功的溢價幣再加一些溢價賣出，就會發現十分困難。

**失敗的溢價幣在初次發行後就不會漲了，淪落普製幣價格等級。**

問：那投資白銀要買溢價幣嗎？

答：在我過往的經驗，白銀實在是太便宜，一盎司往往只需幾千元就可以購買。因此投資普製幣的人往往也會有自己收藏的溢價幣。但溢價幣需要很多市場經驗，所以我不會説**「投資」**溢價幣，而是**「收藏」**溢價幣。投資是期待未來上漲，收藏則傾向是個人消費行為。因此假設我自己能使用的資金不多，我會幾乎投入普製幣投資！

## ▶ 白銀買賣結論 ◀

在白銀投資上因為溢價的關係，常常會看到投資者有明顯的品項喜好。尤其是溢價低走向：只買大買重！

**溢價極低選項**：因為白銀市場的脫手性較差，有些投資者就會以 100oz 或是 1KG 為主要投資選擇，賣出時往往就會走回收方式。因此溢價回收上就不可能了。支付的溢價往往高達 9％ 至 10％。

舉例 TRUNEY 的自有品牌，一公斤目前市價為 30,601 台幣，自家回收報價為 27,470 台幣。一買一賣馬上差了 10％ 溢價成本。

PS：代理商在回收的價格是會浮動調整的（除了銀價以外有時會多有時會少），並不是有一定邏輯的報價。除了溢價回收在投資白銀上很重要外，代理商回收價格邏輯的浮動也是我不喜歡回收的管道原因之一，畢竟誰都難保證未來該代理商或是回收價格邏輯都會跟現在一樣不變！

問：那投資這些大銀條銀磚好嗎？

答：從一開始你就不想回收溢價並做好溢價損失是可以的。但切

記不要把賣出管道設定在某一間廠商的回收價格上，未來變數還很多。

**品項優先選項**：考慮到溢價回收，第一優先就是要處理民間流通性最好的，那是什麼？這個答案很明顯地在回收報價也有資訊，就是 1oz 的普製幣！且在普製幣的溢價這三年來有驚人的溢價波動，算是投資白銀的異常現象！如圖三十八。

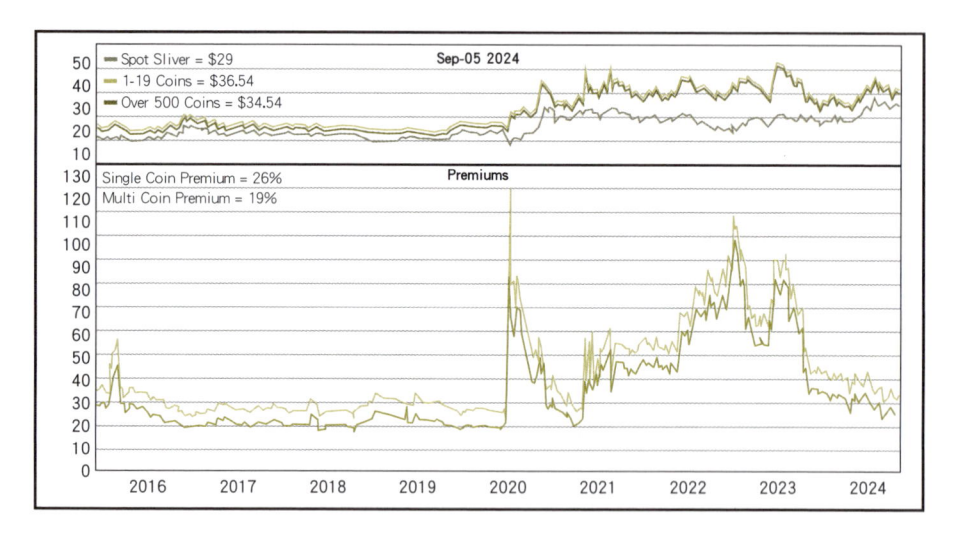

圖三十八：鷹揚銀幣在 APMEX 代理商溢價百分比

資料來源：goldchartsrus.com

在我的過往的教學裡常常會講一句話：**2020 年前後是不一樣的總經環境**。

在白銀投資上也是一樣，2020 年後的銀幣溢價最高竟然可以達到 100％，且前後居然達到 2 次。見證大缺銀和溢價大暴漲後，普製幣在未來的身價絕非許多投資人目前可以買到的低溢價狀況。

問：那是否應該全數投資小單位的普製幣投資呢？

答：一樣先考慮到脫手性問題，如果不想找尋散戶買方做溢價回收，那買普製幣就可能是悲劇（給代理商或銀樓回收會支付更高的溢價成本）！反之，願意找尋其他散戶流通，那購買普製幣就會是最好的選擇，同時也是我目前的方向之一。

## ❯ 吳國榮旋風 ❮

實體市場裡，只要有個大戶進來就會讓整個交易市場有不同的風向。因為實體和虛擬不一樣的地方在於實體金銀是有限的。2024 年，在台灣只需要用 1 千萬台幣即可鎖定一個月的白銀實體市場買氣，此時引領風騷的人就是吳國榮大哥。當氣氛起來，買方十分積極的狀態下，市場容易會一面倒，讓許多賣方驚訝。

吳國榮旋風最警示人的經驗是：

**當大家都要你手上稀缺的實體貴金屬時，你敢在此時賣出嗎？**

在未來金銀價格大幅上漲時，勢必會吸引更多更有實力的買家進入。因此在我們到達終點以前，還會有更多吳國榮旋風。氣氛往往會影響投資者的判斷，切記在該氣氛中，懂得出脫會變成少數人的實力。

# 4

# 第 4 課
# 金銀基本面：
## 黃金白銀供需你不可不知

## 第一節
# 供需狀況

### ▷ 黃金工業 VS 投資需求 ◁

世界黃金協會公布數據如表十五，在工業需求上，2023 年佔比為 6.8％，其餘 93％以上全為投資需求。供給上黃金協會資料皆同於需求，所以不另敘供給狀況。

| 噸 | 年同比變化 | | |
|---|---|---|---|
|  | 2022 | 2023 | % |
| 黃金需求量 | 4,705.1 | 4,467.4 ▼ | -5 |
| 金飾 | 2,195.9 | 2,189.5 ▼ | 0 |
| 科技 | 314.8 | 305.2 ▼ | -3 |
| 投資 | 1,112.5 | 942.3 ▼ | -15 |
| 金條和金幣總需求量 | 1,222.1 | 1,186.5 ▼ | -3 |
| 黃金 ETFs 及類似產品 | -109.5 | -244.2 - | - |
| 各國央行和官方機構 | 1,081.9 | 1,030.4 ▼ | -5 |

表十五：世界黃金協會實體黃金需求

資料來源：世界黃金協會

黃金投資需求佔比高於 9 成狀況下，黃金價格的高漲幾乎都跟**通脹避險**一詞有關。

**通脹避險：**為了規避法定貨幣**過於貶值**的風險，國家、機構及個體投資人都可以透過購買黃金來保護自身購買力。而 2022 年開始，國家級央行開始了大力的投資行動。如圖三十九：

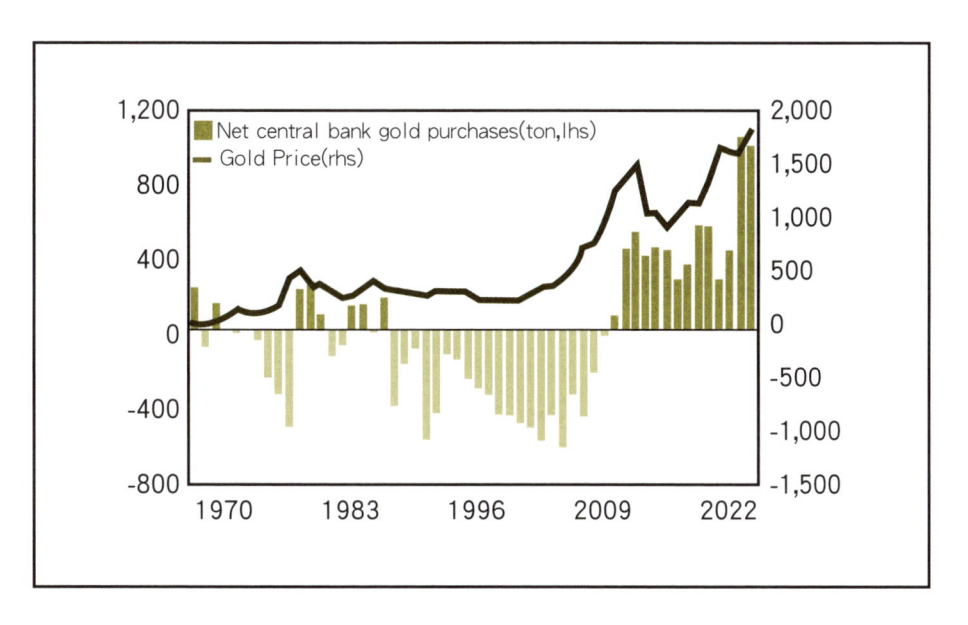

圖三十九：中央銀行實體黃金淨購買

資料來源：x.com/Barchart

央行淨購買由負值轉為正值時為 2009 年，美聯儲 QE 後一年，全球央行實體黃金淨購買轉正開始了，到了 2022 年至 2023 年更加倍買在 1,700 至 2,000 美元附近。當時我一直跟身邊朋友說，**央行在此時更大力地加碼買實體黃金正是危機的證據**，如果此時 2,000 美元一盎司是高點，由世界最頂尖的金融人士組成的中央銀行，此時會選擇加碼購買？這購買證據就是印證美聯儲的貨幣危機越來越接近。而同時近幾年物價上漲也達到一年 10％ 的高通脹時代，手持法幣的人大大流失購買力。

供需總結：黃金的供需結構單純，考慮到投資需求跟通脹避險一樣，持有實體黃金是為了規避法定貨幣的快速貶值風險。因此黃金在歷史上通脹數據相對高檔時，往往會具有優秀的表現！

## 〉白銀工業 VS 投資需求 〈

| Million ounces | 2015 | 2016 | 2017 | 2018 | 2019 | 2020 | 2021 | 2022 | 2023 | 2024F | 2023 | 2024F |
|---|---|---|---|---|---|---|---|---|---|---|---|---|
| **Supply** | | | | | | | | | | | | |
| Mine Production | 896.8 | 899.8 | 863.6 | 850.6 | 837.2 | 783.4 | 829.0 | 836.7 | 830.5 | 823.5 | -1% | -1% |
| Recycling | 147.0 | 145.7 | 147.2 | 148.2 | 164.3 | 173.7 | 173.7 | 176.9 | 178.6 | 178.9 | 1% | 0% |
| Net Hedging Supply | 2.2 | 0.0 | 0.0 | 0.0 | 13.9 | 8.5 | 0.0 | 0.0 | 0.0 | 0.0 | na | na |
| Net Official Sector Sales | 1.1 | 1.1 | 1.0 | 1.2 | 1.0 | 1.2 | 1.5 | 1.7 | 1.6 | 1.5 | -6% | -9% |
| **Total Supply** | 1,047.0 | 1,046.5 | 1,011.8 | 1,000.5 | 1,000.3 | 957.4 | 1,004.3 | 1,015.4 | 1,010.7 | 1,003.8 | -0.5% | -1% |
| **Demand** | | | | | | | | | | | | |
| Industrial (total) | 457.1 | 489.5 | 526.4 | 524.2 | 523.5 | 509.7 | 561.3 | 588.3 | 654.4 | 710.9 | 11% | 9% |
| Electrical & Electronics | 272.3 | 308.9 | 339.7 | 331.0 | 327.3 | 322.0 | 351.2 | 371.3 | 445.1 | 485.6 | 20% | 9% |
| ...of which photovoltaics | 59.6 | 81.6 | 99.3 | 87.0 | 74.9 | 82.8 | 88.9 | 118.1 | 193.7 | 232.0 | 64% | 20% |
| Brazing Alloys & Solders | 51.1 | 49.1 | 50.9 | 52.0 | 52.4 | 47.5 | 50.5 | 49.2 | 50.2 | 51.8 | 2% | 3% |
| Other Industrial | 133.7 | 131.5 | 135.8 | 141.2 | 143.8 | 140.2 | 159.6 | 167.8 | 159.0 | 173.5 | -5% | 9% |
| Photography | 38.2 | 34.7 | 32.4 | 31.4 | 30.7 | 26.9 | 27.7 | 27.5 | 27.0 | 26.1 | -2% | -3% |
| Jewelry | 202.5 | 189.1 | 196.2 | 203.2 | 201.6 | 150.9 | 182.0 | 234.5 | 203.1 | 211.3 | -13% | 4% |
| Sliverware | 58.3 | 53.5 | 59.4 | 67.1 | 61.3 | 31.2 | 40.7 | 73.5 | 55.2 | 58.8 | -25% | 7% |
| Net Physical Investment | 309.3 | 212.9 | 155.8 | 165.9 | 187.4 | 208.1 | 284.3 | 337.1 | 23.1 | 212.0 | -28% | -13% |
| Net Hedging Demand | 0.0 | 12.0 | 1.1 | 7.4 | 0.0 | 0.0 | 3.5 | 17.9 | 12.2 | 0.0 | -32% | na |
| **Total Demand** | 1,065.4 | 991.8 | 971.3 | 999.2 | 1,004.4 | 926.8 | 1,099.6 | 1,278.5 | 1,195.0 | 1,219.1 | -7% | 2% |
| Market balance | -18.4 | 54.7 | 40.5 | 1.3 | -4.1 | 30.6 | -95.4 | -263.5 | -184.3 | -215.3 | -30% | 17% |
| Net Investment in EPTs | -17.1 | 53.9 | 7.2 | -21.4 | 83.3 | 331.1 | 64.9 | -125.8 | -42.1 | 50.0 | -67% | nq |
| Market balance less ETPs | -1.3 | 0.8 | 33.3 | 22.7 | -87.4 | -300.5 | -160.3 | -137.7 | -142.8 | -265.3 | 3% | 87% |
| Sliver Price (US$/oz.London Price) | 15.68 | 17.14 | 17.05 | 15.71 | 16.21 | 20.55 | 25.14 | 21.73 | 23.35 | - | 7% | na |

表十六：世界白銀協會實體白銀供需

資料來源：世界白銀協會

如表十六，白銀的供給主要分為：

**1.礦山產量（80%）**：自 2016 產量高點後，目前礦山產量未過 900M（M 為百萬盎司）關卡，而礦山的開採也無法一瞬間暴增。

**2.回收白銀（20%）**：回收白銀近年有微增趨勢，主要原因在於白銀期貨價格，價格越高就會越有機會成本做白銀回收。**因此在未來供需不對稱狀態下，短時間內可以弭補些微供需赤字的就是回收白銀。要知道白銀在工業上被極廣泛的運用，像手機上都含有微量克數的白銀，直接到垃圾場是沒有被回收的。**

白銀的需求主要分為：

**1.工業需求（58%）**：工業需求上主要以電子產業和光電產業為大宗，因為白銀元素性質，導電性、導熱性第一，延展性第二，使其在電子業應用廣泛。

目前最被看好的幾個需求因子：**光電太陽能**和**電動車**在未來的白銀消耗上將有長足的推進！如圖四十，2021 年後數據向上大幅提升，主要原因為太陽能產業的蓬勃發展有關。

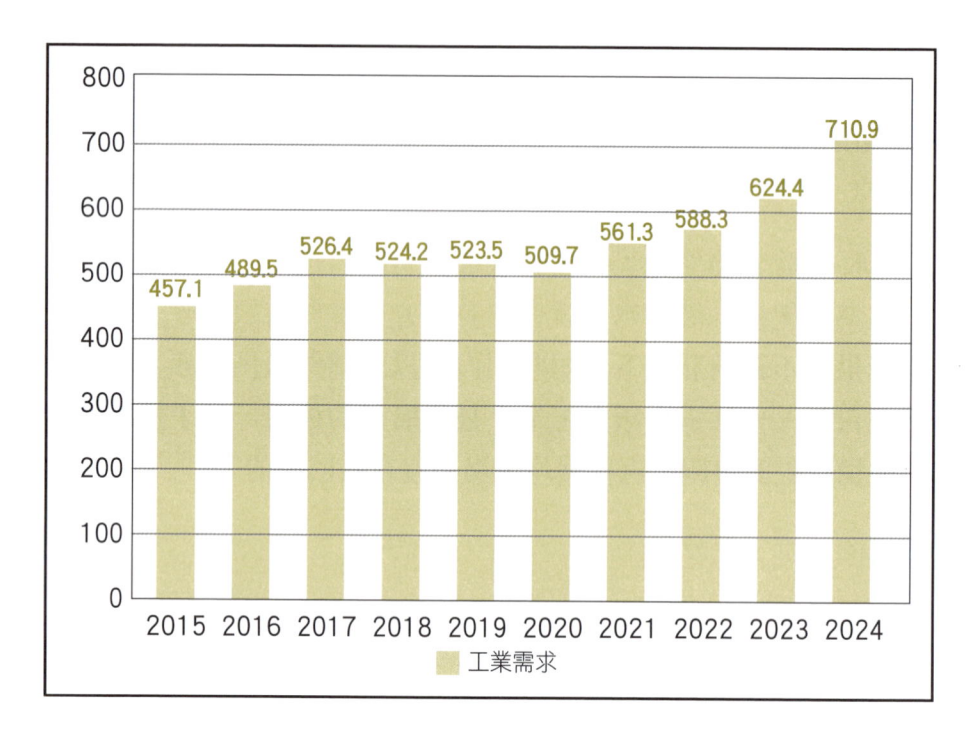

圖四十：白銀工業需求

資料來源：作者提供

**2.銀飾銀器需求（17％）**：主要由印度佔比最高，2023 年達到銀飾銀器需求 41.23％，義大利和中國在分列其後。對印度人而言，銀飾銀器類似一種投資需求和習俗，有時會有大量的需求擠兌。

**3.投資需求（17％）**：我們主要購買實體白銀的需求在此列（包含銀幣銀條類）。主要投資地區在北美地區。佔比高達 68.8％，因此在普製幣溢價上，看主要投資影響地區，**美國或加拿大就可以確定目前的國際溢價走勢**。畢竟用人均所得來看，北美地區高所得地區但消費著全世界一樣美元價格白銀，因此相形之下，白銀投資對北美人更加便宜。

**4.ETF 需求（4％）**：實體 ETF 也會影響實體白銀的需求，取決散戶買賣狀況進行調整。

可以看到近幾年白銀**供需赤字**來到 215M（不含實體 ETF），是近幾年的市場相當大的供需赤字。在未來主要影響著白銀需求兩大主軸：**工業和投資需求**，將大大影響白銀的價格。

**供需總結**：工業需求近幾年會大幅增長影響更大的供需赤字，投資需求則是會在高通脹環境下具有短時間倍數膨脹的潛力。在供需面而言，實體白銀實則為 2020 年後最具潛力的投資之一。

### ▶ 2020 年 COMEX 危機 ◀

全球交易所都有黃金白銀的實體交割所，在美國主要關注為 COMEX 金銀庫存，2020 年的大缺銀事件讓 COMEX 修改了法規，黃金允許了倫敦金銀交易協會（London Bullion Market Association, LBMA）規格 400oz 黃金充當交割，白銀則是多增加了 80 幾個 LBMA 廠商允許交割，一夕之間補足了原本要被擠爆的庫存，撐過了庫存不足的危機。如圖四十一：

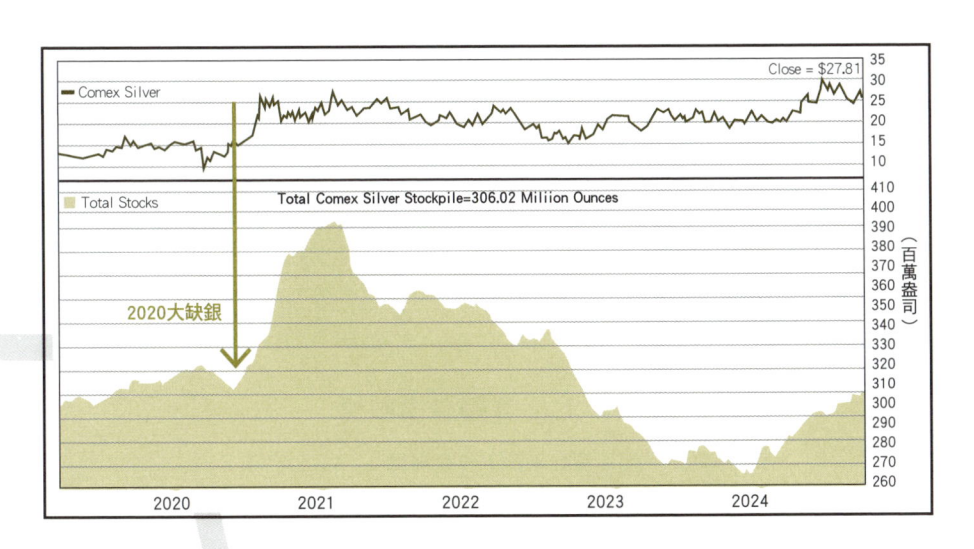

圖四十一：COMEX 白銀庫存

資料來源：goldchartsrus.com

大缺銀這件事情對白銀投資者而言是很難體驗到的,但在 2020 年到 2023 年間卻出現了兩次。在缺銀之前我印象還很深刻,當時去代理商買銀幣,銷售人員說還有很多 600 多台幣一盎司的楓葉可以買。在 3 月崩跌後,期貨下殺到 11.67 元,現貨卻每一枚上漲 100 台幣,現價為 700 元一盎司白銀(**詳情也可見前圖四十**),現貨和期貨的溢價不對稱就此展開,也讓我開始著手研究白銀投資的契機。

**缺銀本身會帶來溢價暴漲。**

印象非常深刻的是,當時大銀磚銀塊的溢價並沒有落差很大,反而是銀幣現貨可購買到在紀錄上有 70% 以上驚人溢價……如表十七是我個人親自紀錄的歷史溢價。為了研究該數據,目前已經有 4 年的實體溢價數據。

**溢價暴漲則是看品項,重量越輕漲越多(因為重量越小,鑄造成本越高)**

| | | 台幣銀價 | 1OZ 銀幣或銀章 | 10oz 銀條 | TRUNEY 1KG | % 銀圓溢價 | LPM 溢價 | % 銀幣溢價 | %10oz 溢價 | %1KG 溢價 |
|---|---|---|---|---|---|---|---|---|---|---|
| 2019 2020 暴跌 | 10月1日 | 534 | 631 | | | | | 18.16% | | |
| | 3月24日 | 533 | 624 | | | | | 17.07% | | |
| | 4月9日 | 462 | 622 | | | | | 34.63% | | |
| | 4月17日 | 453 | 800 | | 17,832 | | | 76.60% | | 22.44% |
| | 5月5日 | 446 | | | 16,725 | | | | | 16.64% |
| | 5月29日 | 533 | | | 19,171 | | | | | 11.91% |
| | 6月3日 | 526 | 783 | | | | | 48.86% | | |
| | 6月8日 | 525 | 710 | | | | | 35.24% | | |
| | 6月17日 | 517 | 702 | | | | | 35.78% | | |

表十七:實體溢價數據

資料來源:作者提供

缺銀事件讓我體認到實體和虛擬投資不一樣，期貨可以**短暫**殺到偏離生產成本很低的位置，但實體投資沒有代理商可以接受過度虧損出售的價格。這也是 2020 年負油價事件的啟示！實際上實體原油的交付仍在 20 美元一桶，但期貨就是可以給你崩到 -30 美元⋯⋯

**實體白銀投資有價格底線**

## 白銀生產成本

台灣早餐店林立，賣早餐的人假設一個三明治成本為 10 元，售價 30 元，這時你跟老闆說要 5 元跟他買，有誰會賣？在投資實體金銀也是一樣道理，挖取黃金白銀都會有一定成本，且這個成本隨著貨幣貶值、物價上漲，逐年攀高。

白銀成本如圖四十二，為初級礦美元成本分布，初級礦意思是指生產或主要生產白銀的礦床，大約佔白銀生產礦床 30％，其他則大多是伴生礦床，採取銅錫鋅附加出來的副產品。這也說明實際上白銀不像大家想的容易挖取。因為如果要專門挖取伴生礦的白銀，其他主要產品的銅錫鋅需求才會是影響開採因素。

圖四十二呈現了兩個生產成本名詞：

1. **現金成本（Total Cash Cost）**：為現場採礦成本加上現場管理費用、特許權使用費、生產稅、與當前營運相關的許可、社區成本、庫存減記減去。它以每盎司的美元表示。

2. **維持成本（All In Sustaining Cost）**：是評估生產一盎司黃金白銀總成本的綜合指標。它包括與生產黃金相關的所有成本，包括營運費用、維持資本支出和勘探費用。

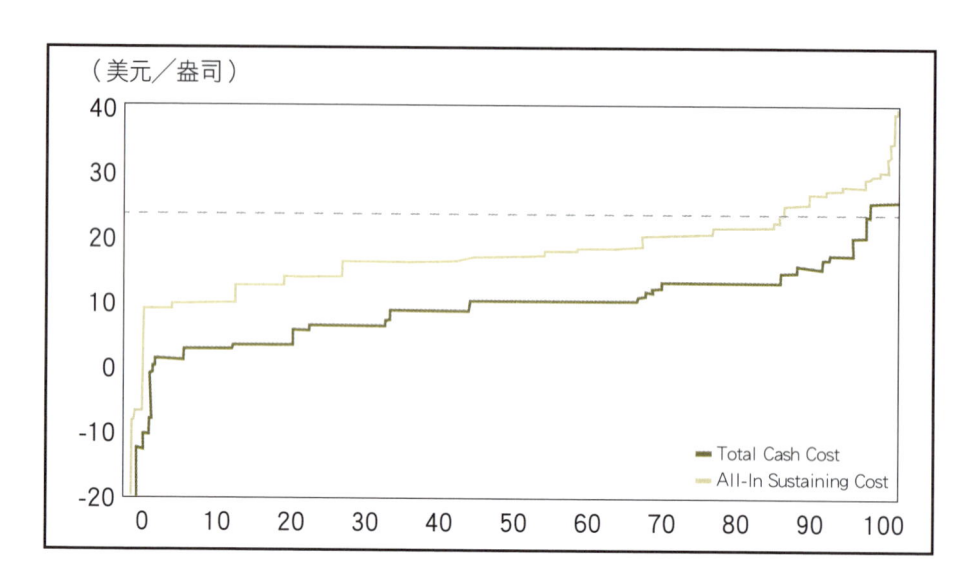

圖四十二：全球白銀初級礦成本分布

資料來源：世界白銀協會

因此在成本使用上會看比較高的維持成本。但這樣在財報上還是不夠詳細，因為如果礦商的財報是賠錢的，那這樣的生產成本又何來賺錢的毛利呢？最後就會取決於真實的損益兩平成本！

**損益兩平成本（Breakeven cost）**：將收支平衡反推財報上黃金白銀的生產成本。

舉例某礦商生產了 100 盎司白銀，收入為 3,000 美元，營運支出 2,800 美元，財報上會有 200 淨利，但在其他項還會有財務費用等等，總成本可能就會是 3,200 美元，這時 3,200 除上 100 盎司就是 32 美元一盎司為該公司總生產損益兩平成本。如圖四十三為 2024 年大型白銀礦商損益兩平成本。

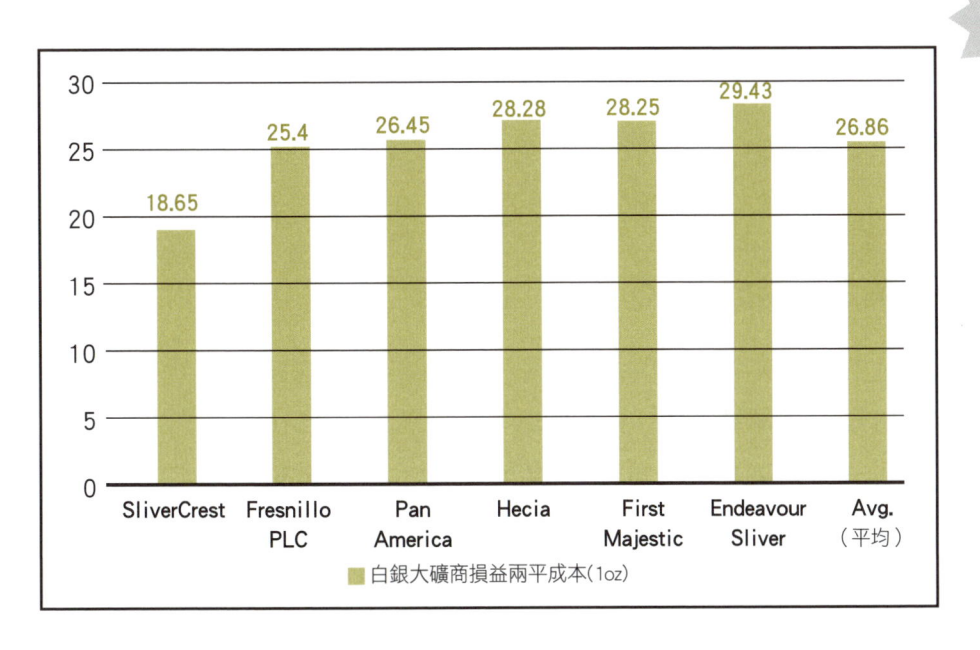

圖四十三：2024年白銀大礦商損益兩平成本

資料來源：作者提供

當初在 2020 年時，白銀期貨從 11.67 美元回到 15 美元，我跟身邊親朋好友鼓吹白銀投資。當時生產成本估算約 15 美元一盎司，買在這個數字是相對安全的位置。現在 2024 年中，白銀成本已從當初 15 美元上升到 **26.86** 美元，這成本雖然主要指初級礦成本，但因為白銀的供需已十分吃緊，任何一個礦的封鎖或是地區縮減都會對期貨價格有短期重要的影響，故初級礦雖然是成本最高的白銀生產成本，但也凸顯了這樣的成本被突破後，往往在三個月內都會急速反彈回來！

對很多白銀的投資者而言，不懂基本面如同盲人摸象。目前幾乎高達 90％的實體白銀投資者，礦商的成本、白銀元素性質、溢價是什麼或最基本的金銀比都是不認識的！在白銀知識沙漠裡探索財富之道，無異事倍功半。

還記得投資要玩什麼遊戲嗎？**不會輸的遊戲！但前提是你必須學習。**

> 黃金生產成本 <

黃金的損益兩平成本會低一些，因此在過往的經驗來看，黃金不如白銀較常觸碰到損益兩平成本。最新的 2024Q2 報告指出如圖四十四，目前約在 1,877 美元一盎斯。期貨價格目前為 2,500 美元，差距有 633 美元之多。因此最近的金價相對讓黃金股票會有一定表現。

2020 年大量投入貴金屬市場時，當時黃金約 1,700 美元，生產成本在 1,500 美元，這四年來只有 2022 年 9 月附近才勉強達到生產成本附近。因此黃金較不易達到生產成本觸碰的買點。

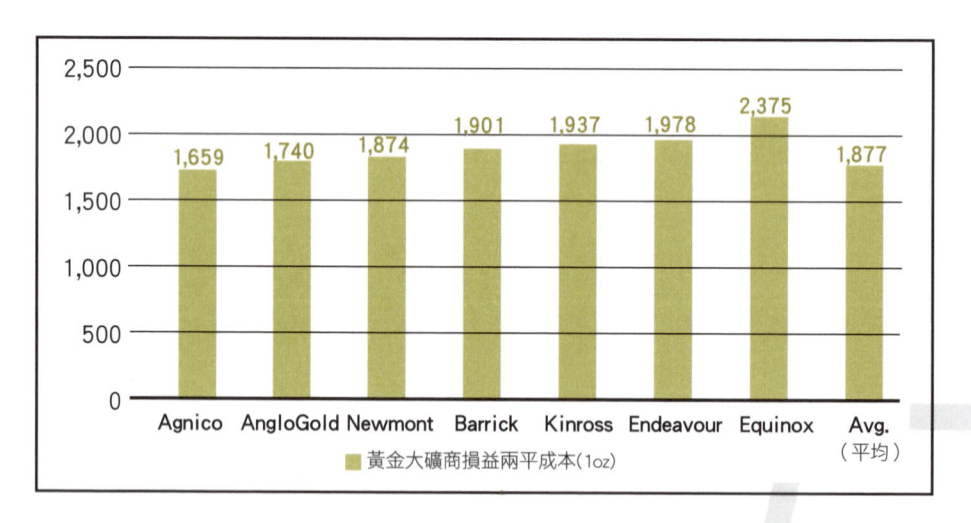

| 礦商 | 損益兩平成本(1oz) |
|---|---|
| Agnico | 1,659 |
| AngloGold | 1,740 |
| Newmont | 1,874 |
| Barrick | 1,901 |
| Kinross | 1,937 |
| Endeavour | 1,978 |
| Equinox | 2,375 |
| Avg.（平均） | 1,877 |

圖四十四：黃金大礦商損益兩平成本

資料來源：作者提供

## 第二節

# 白銀工業大趨勢

### ❯ 太陽能趨勢 ❮

以下是一篇網路新聞：

---

**太陽能產業白銀需求可能使得未來白銀供應更為緊張**

太陽能產業對白銀的需求是推動白銀整體需求的主要因素之一，有理由相信今後數年光伏白銀需求將繼續增加。

不僅太陽能銀板的需求量在成長，每塊太陽能銀板所使用的銀量也在增加。

2023 年，工業對白銀的需求創下了 654.4 百萬盎司的紀錄，預計今年將創下新高。據白銀研究所稱，綠色經濟應用帶來的持續結構性收益支撐了白銀需求的激增。

光伏（PV）產能增加超出預期，新一代太陽能電池的快速普及使全球電氣和電子產品需求大幅增長了 20%。同時，電網建設和汽車電氣化等其他綠色相關應用也為白銀需求增長做出了貢獻。

銀是室溫下所有金屬中**導電性最好**的。這使得白銀成為太陽能板生產中不可或缺的原料。

為了製造太陽能板，需要將銀製成糊狀，塗在矽光伏電池的正面和背面。正面收集陽光照射到電池上時產生的電子，而背面則幫助完成電路。

每塊太陽能板使用約 20 克（0.643 盎司）白銀。雖然這個數量相對較小，但考慮到每年生產的太陽能電池板數量，總量就會迅速增加。2023 年，太陽能產業使用了約 1 億盎司白銀，約佔白銀總需求的 14%。

幾年前，分析師認為，隨著環保新技術的發展，太陽能板中使用的銀量將逐漸減少。然而，盛寶銀行 2020 年的一份報告駁斥了這一說法，並表示**「就每塊太陽能板的能量輸出而言，潛在的替代金屬無法與銀相提並論。」**

「此外，由於技術障礙，**未塗抹白銀的光伏電池往往可靠性較低、壽命較短，這為其大規模商業發展帶來了嚴重問題。」**

事實證明，這項分析是正確的。更新、更有效率的技術消耗的銀量增加了 20% 至 120%。

2020 年，鈍化發射極和背部電池（PERC）技術成為標準，幾乎佔據了整個太陽能市場。PERC 太陽能板每瓦使用約 10 毫克白銀。

到 2022 年，PERC 技術將被隧道氧化物鈍化接觸（TOPCon）電池取代。這項先進技術透過改進太陽能電池處理電子流的方式來提高太陽能電池的效率。TOPCon 電池的生產成本更低，但使用的銀比 PERC 太陽能板更多。它每瓦含有約 13 毫克的銀。

現在，異質結（HJT）技術開始主導太陽能市場。HJT 電池比 TOPCon 技術更有效率，可以在面板的兩側捕獲能量。它們也更環保。但它們使用的銀更多──每瓦約 22 毫克。HJT 電池在 2023 年僅佔市場的一小部分，但預計對這些更有效率面板的需求將會成長。

隨著太陽能需求的增加以及每塊太陽能板所用銀的數量的增加，分析師認為，未來太陽能板生產將消耗越來越多的白銀。

根據新南威爾斯大學科學家的一篇研究論文，到 2027 年，太陽能製造商可能需要目前年白銀供應量的 20% 以上。

到 2050 年，太陽能板生產將消耗目前全球白銀儲量的約 85% 至 98%。

綠色能源產業基本上也不受經濟衰退的影響，因為它受到世界各國政府的推動、激勵，在某些情況下甚至直接資助。

白銀市場已經出現嚴重短缺，白銀需求超過供應。2023 年的結構性短缺為 184.3 百萬盎司。

儘管銀庫存量仍然很大，但市場短缺最終將耗盡可用金屬儲備。未來幾年，可能會出現嚴重的白銀供應緊縮。

目前，白銀的定價還沒有考慮到這些供需動態。

還要記住的是，雖然工業需求是推動價格的重要因素，但白銀根本上仍是一種貨幣金屬。因此，白銀價格往往會隨著時間的推移而跟隨黃金走勢。如果你看好黃金，那麼你應該更看好白銀。事實上，在黃金牛市中，白銀的表現往往優於黃金。

考慮到供需動態、經濟環境以及歷史上顯示白銀被低估的金銀比率，我們有充分的理由相信白銀價格後市將會大放異彩。

資料來源：FXStreet

---

太陽能在 2022 和 2023 年所增加的白銀需求加上當年度都大幅生產赤字下，太陽能白銀需求又再次回到影響白銀供需強力因素之一。如圖四十五，2023 年消耗量達到 160M，將近 20％的礦山產量、16％年供給量和相當於生產赤字。在 2024 年預測和 2025 年預測來看，太陽能消耗白銀量呈現拋物線上升。

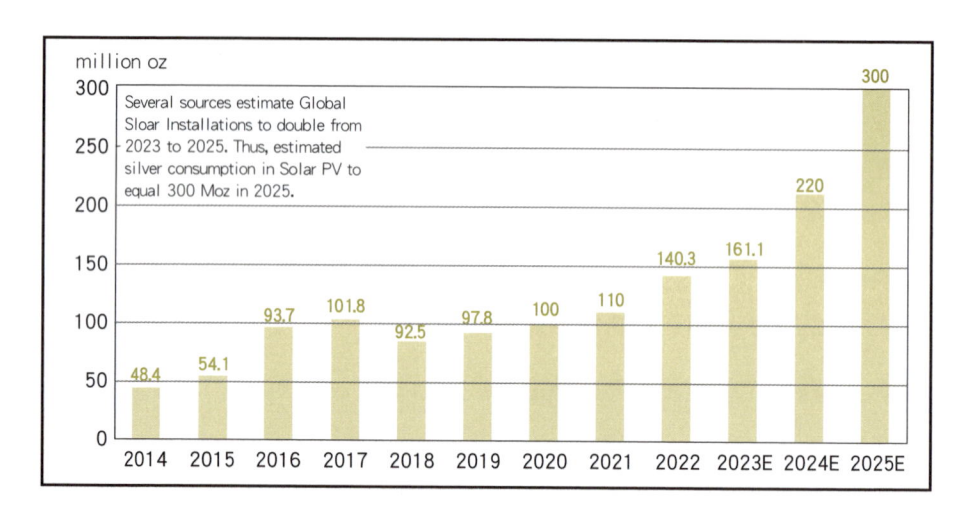

圖四十五：太陽能年消耗白銀量（百萬盎司）

資料來源：作者提供

新聞裡也有提到三種太陽能板的耗銀量，P 型是舊式的太陽能製程，在 TOPCon 技術出現後，目前太陽能趨勢自 2014 年起，單位用銀減少下製造太陽能，但未來幾年 TOPCon 技術將成為白銀太陽能單位用銀升高的主因。

**單位用銀減少**：每製作出一塊太陽能板，就會相對消耗該白銀，而隨著技術的突破，讓每片太陽能使用的白銀重量下降。

曾經有個研究指出，如果拿銅取代白銀製作太陽能板，會產生耐用度下降，效率不佳的問題。因此白銀在太陽能產業確實具有舉足輕重的地位。

## › TOPCon 技術革新 ‹

TOPCon 技術如下介紹：

TOPCon 是建構在 N 型晶片的太陽電池技術，可直接**由現有的 P 型 PERC 產線做升級**，在電池背面沉積超薄氧化矽層與高摻雜多晶矽層，形成鈍化接觸結構，有效降低載子表面復合和金屬接觸復合，提升電池效率，同時增加**減碳效益**。

以 TOPCon 疊焊模組取代 PERC 傳統模組，換算每平方公尺面積發電，每年可減少碳排放約 13.7 公斤（減碳量 0.509kg／度）。

可以看到兩個重點，舊有的太陽能廠商並不需要更新其設備就可大量生產具有 TOPCon 技術的太陽能板，且具有減碳效益，對未來的碳關稅課徵也會具有更低的稅務成本。另外注意到 TOPCon 技術最重要在於**單位用銀量的增加**！

還記得前面的文章嗎？

P 型技術消耗：10mg
TOPCon 技術消耗：13mg

多消耗傳統 P 型生產 30％的單位耗銀量。如圖四十六，TOPCon 目前會慢慢取代掉傳統 P 型的太陽能市場佔比。

141

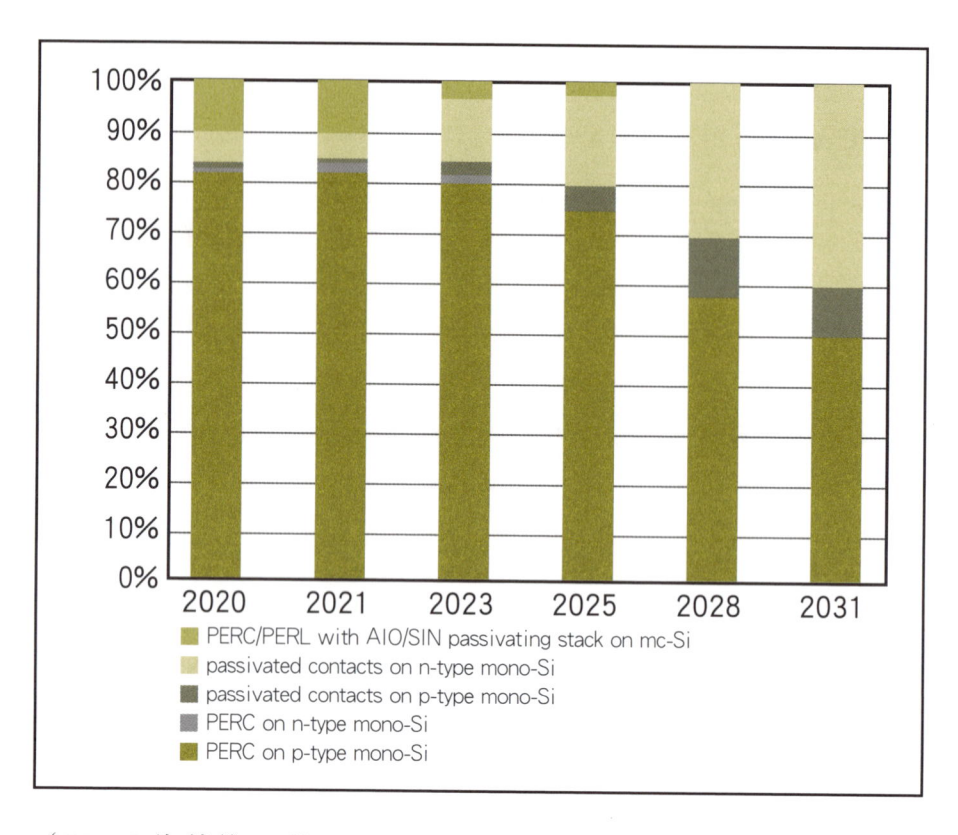

(PERC 為傳統 P 型，passivated 為 TOPCon 技術。)

圖四十六：太陽能年消耗白銀量（百萬盎司）

資料來源：https://www.mdpi.com/1996-1073/16/2/715

目前在白銀協會報告裡單位用銀（CELL LOADINGS）的下降，在未來將走平或大幅扭轉！如圖四十七。

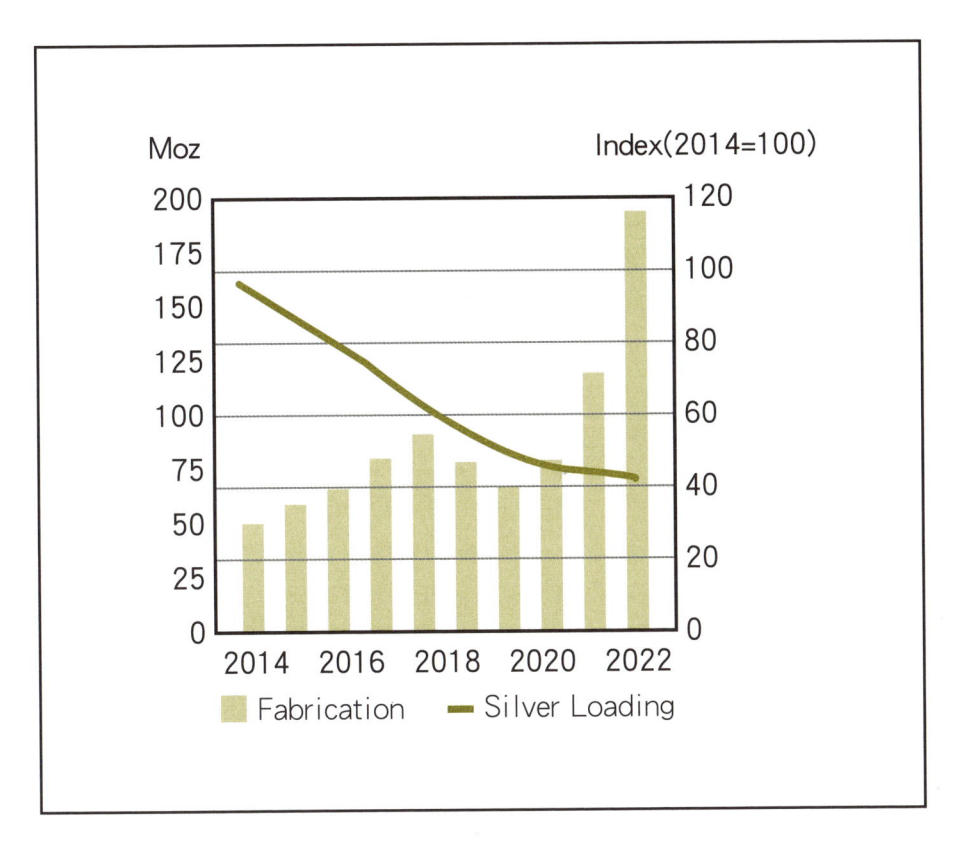

圖四十七：太陽能年消耗白銀量（百萬盎司）和單位用銀百分比

資料來源：全球白銀協會

## ❯ 電動車趨勢 ❮

Ernest Hoffman（Kitco News 的加密貨幣和市場記者）於 2024 年五月發布的文章內指出：

---

電動車和充電基礎設施是 Sprott（史普羅投資公司）預計白銀需求因汽車本身銷量大幅成長而大幅成長的第二個領域。（第一個是太陽能產業。）

Smirnova（Sprott Inc. 董事總經理；Sprott Asset Management 資深投資組合經理人兼首席投資長）表示：「2023 年美國電動車銷量突破 100 萬輛大關，較上年增長 52%，預計電動車銷量將持續增長至 2024 年。」「全球電動車銷量預計將突破 1,700 萬輛，IEA 預測，到 2035 年，全球銷售的所有其他汽車都將是電動車。」

他指出，汽車業每年已經使用約 8,000 萬盎司白銀，預計到 2025 年這一數字將增加到 9,000 萬盎司。「在混合動力車中，白銀的使用量較高，每輛輕型車約 18 至 34 克，而純電動車（BEV）據信每輛車的白銀消耗量為 25 至 50 克。轉向自動駕駛應該會大大增加車輛的複雜性，從而需要更多的白銀消耗。

雖然更高的負載量是汽車白銀需求增加的主要驅動力，但充電站、增加發電量和其他支持電動車的基礎設施也需要這種灰色金屬。「國家再生能源實驗室估計，到 2030 年，美國將需要 2,800 萬個電動車充電埠來支援電動車隊。」他說。

資料來源：KITCO NEWS

---

文章內指出傳統電動車和純電動車的消耗為兩倍差異，傳統約 25g，電動車更多至 50g。在電氣化時代，白銀只會消耗得比以往更快！

## ▸ AI 化與功能用電趨勢 ◂

**白銀是僅次原油在地球上應用第二廣的原物料,也是 50 年以來並未創新高的原物料**。在 2024 年起,50 美元一盎司的白銀將在最低底線的工業需求下,必定被打破的名目美元價格!在未來的時代,人人都需要更高的算力和電力需求。

現代每個人手上都有智慧型手機,甚至一人兩機也不少見。一支手機平均消耗 0.5g 的白銀,手機多普及代表消耗的白銀也越多,同時進到垃圾場不被回收的白銀也會更多。當大家跟傳統內燃車一樣紛紛想用更先進的電動車時,逐年升級的系統、算力需求都會反應在電力需求上!

**人們越追求電子功能最佳化＝＞白銀消耗未來只會有增無減**

這次寫作也無意間意識到 AI 的算力也代表了未來電力需求。AI 技術正如 2000 年電腦和 2008 年後的智慧型手機,未來都將大大改變我們的生活。

我還記得小時候看過的卡通:閃電霹靂車

當時主角駕駛的賽車就有搭配 AI 系統阿斯拉,而 AI 系統就是為了保護駕駛而誕生的,讓駕駛可以在賽車過程中,讓 AI 系統輔助判斷目前的駕駛和車輛情況。

未來我們都需要應付更多或更精細的工作,在更多 AI 的幫忙下,人類可以達到更進一步產能的提升,但同時也需更多電力!

因此在工業需求上有個簡單的規則:**更多的電力需求＝更多的白銀需求**。

## ❯ 電池大趨勢 ❮

目前在各領域都慢慢產生了無線化和電力攜帶的趨勢，剛開始這些趨勢都著重在鋰電池的使用，隨著電池的容量要越大，體積要越小，白銀的角色就開始重要起來，而在 8 月三星發布的固態電池技術就是未來電池的趨勢：更安全、更輕、電力更多！

---

電動車（EV）革命正在蓬勃發展，一個重要的新參與者可能很快就會成為眾人矚目的焦點：固態電池。三星最近在銀基固態電池技術方面的突破不僅可以改變電動車的格局，也將為白銀市場帶來衝擊波。這些電池一次充電可行駛 600 英里，使用壽命為 20 年，充電時間僅 9 分鐘。該技術的能量密度為 500 Wh/kg，幾乎是目前主流電動車電池的兩倍，可能會徹底改變產業。

對白銀需求的潛在影響是巨大的。據估計，每個固態電池可能需要約 5 克的銀，典型的 100 kWh 電池組可能會使用多達 1 公斤的銀。如果全球 20％的汽車產量採用該技術，則年白銀需求量將達到 16,000 噸。

資料來源：https://medium.com/@Rubina_/silver-demand-rises-amid-samsungs-ev-battery-innovation-1ecbeeefbfd5

---

文章內指出的 16,000 噸實際上佔年產量達 50％以上，但不論是否該技術最後會如何運作，液態電池在電動車確實是一個擾人的因素。

特斯拉在台灣之前發生過因為一粒小石頭導致液態電池電解液漏液，光維修該電池就付出 70 幾萬的費用。為此許多車主都偏好更換車底板，但又會被特斯拉原廠說不保固！因此三星的電池技術推出，除了甩開液態電解液電池的不安全以外，同時對應到消耗更多的白銀！

整個工業上的消耗白銀的大趨勢，在未來將越演越烈。

## ❯ 白銀生產彈性 ❮

白銀的主要來源是採礦。採礦公司從地殼中提取銀並將其精煉用於商業用途。礦業公司生產的白銀數量取決於幾個因素，例如礦石的供應量、採礦成本和白銀的需求。一些礦業公司生產白銀作為其他金屬（例如銅或鉛）的副產品。作為副產品生產的銀的數量並不總是一致的，並且取決於對其他金屬的需求。因此白銀的生產彈性並不高！

當未來需要更多白銀時，要思考到白銀的生產彈性低，除非白銀價格夠高，不然很容易侷限在佔產量高達 70% 的伴生礦產出。只有當其他礦物的需求增加開採時，作為伴生礦的白銀才會增加更多供應！

## ❯ 挖礦跟你想的不一樣 ❮

我很常會被問到：白銀是否未來十幾年內將挖完？

這讓我想到小時候上課說過石油在開採 40 年後就會乾枯，但現在已經過了 20 年，原油的產量卻還在增加中。因此白銀在未來也還是會持續供應。但供應的速度取決於售價！最大程度上影響未來的產量是由於目前的白銀期貨價格。

**影響白銀供應原因：**

1. 開新礦

如圖四十八，弗雷斯尼洛公司（FRESNILLO PLC）的產量是在 2015 年達到高峰，但實際上生產計畫是在 2011 年左右開始的。所以 2011 年白銀期貨達到 50 美元時，當時生產成本約 10 美元 1 盎司，高達 4 倍成本的高收益率讓許多礦商都加緊探勘和更多的資本設備支出。但目前 2024 年白銀價格貼近開採成本，導致更多廠商不願意做更多支出的探礦計畫。可以說目前這種成本貼近售價的現象，造成未來 5 年白銀的礦業產量都不會大幅增加。

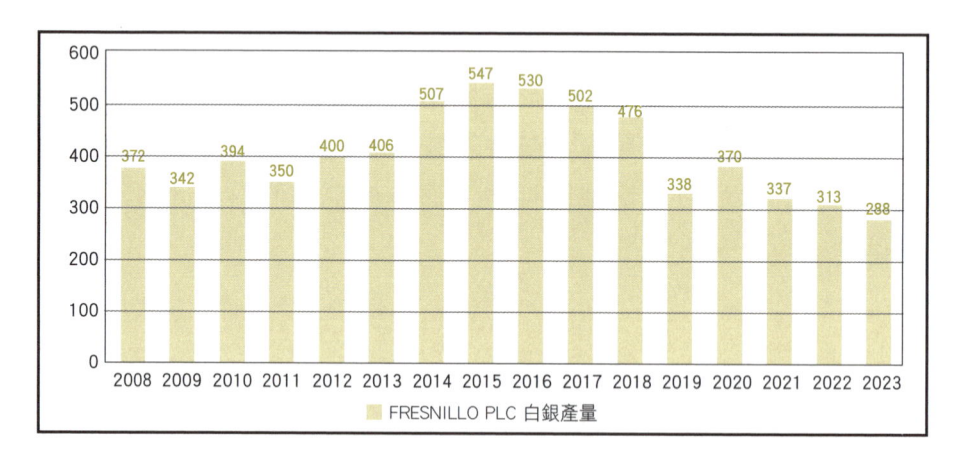

圖四十八：FRESNILLO PLC 白銀產量（百萬盎司）

資料來源：FRESNILLO 財報、作者提供

## 2. 回收增加

還記得我們家用電子和手機這類型的白銀很難有機會成本回收,當進入到垃圾場後,就形成回收場內貴金屬。只有價格一飛衝天後,回收微量的工業白銀就會形成增加的供應來源。

**總結:**可以説探新礦的需求增加,實際大約落後五年,主要取決白銀價格必須大幅高於生產成本。回收也是一樣取決價格影響供應,但垃圾場回收較開礦迅速。

# 5

# 第 5 課
## 貨幣需求：
### 為什麼錢的貶值成定局

## 第一節

# 過去貨幣簡史

> **貨幣必然貶值論** <

只要有人類社會，人們的經濟活動便產生貨幣的需求。只有當商品服務累積到一個基本水平，貨幣就會出現進而被使用。這段話意思就是假設你在一個經濟圈，這個圈子如果只有兩個人，各自分別生產兩件商品。那他們其實交換商品不需要貨幣。因為商品數量太少，直接以物易物就可以了。但如果商品變多，就需要一套衡量標準：貨幣。

從古代開始，人類在尋找適當貨幣過程中，使用過貝殼、海貍皮、菸草等等，最後都還是採用黃金白銀作為主要貨幣。

**金銀天生非貨幣，貨幣天生是金銀——馬克思，共產主義創立人。**

馬克思說的意思是，黃金白銀本身並不一定是貨幣。金銀可以做為餐具或裝飾等其他用途，但最好的貨幣選擇自然就是黃金白銀。因為黃金白銀在地球上就是有限的。無法被無中生有，是具有形體的元素。

只要有人類就會有階級，有階級就會產生高低之分。自然也會有可以操弄貨幣的特權階級！例如古代的君王或是權貴等等。

貨幣的典型崩潰之路，在過去有人類的歷史，歷朝歷代法定貨幣

流傳下來,無一不被黃金白銀打敗!最後都是歸零。因此在此跟大家介紹一個基本歷史典型:羅馬銀幣迪納利斯。

## ❯ 歷史典型(1):羅馬帝國迪納利斯 ❮

迪納利斯是羅馬共和時期銀幣,作為主要生活使用的貨幣是以白銀為主,並不是現在大家所熟知的黃金(如圖四十九)。因此主要貶值的歷史會圍繞該國最主要的貨幣進行闡述。

圖四十九 迪納利斯

資料來源:維基百科

羅馬帝國實際上剛開始是從一個小部落發跡，後來藉由和四周部落合併，並學習他人長處慢慢變成義大利半島的強國。羅馬人實際上並不是身材特別出色的種族，但非常善於學習其他民族的長處。因此文化跟希臘人學習，經濟效法迦太基對手，慢慢一步步將地中海成為我們的海（意指疆域廣大，幅員遼闊包覆地中海）。

而在奧古斯都之前，羅馬有個很重要的政策跟目前美國非常類似，就是小麥法。小麥法是格拉古兄弟提出，一開始只是讓羅馬的窮人可以用低於市價的方式購買小麥，演變到後來有羅馬公民權的人都可以至首都羅馬領取免費的小麥救濟。

**羅馬小麥法＝美國失業救濟金＋食物券。**

奧古斯都開創的羅馬和平時期，戰爭費用和失業領取救濟金的人並不會壓垮羅馬的財政。但隨著羅馬邊境的野蠻人（日耳曼人）大舉入侵，所增加更多的軍團軍費和更多流民進入首都領取小麥，成為奧古斯都後的兩百年，迪納利斯加速貶值的主因。此舉真的跟目前美國軍費巨大（羅馬軍團費增加）和更多人民需要免費基本救濟（免費小麥）一樣……

如圖五十，可以看到一開始銀幣含量純度是 90％ 標準，隨著時間的增加，白銀的含量下降到最後的 0％。而白銀減少的純度則是用銅錫鋅參雜，此時一個純度高的白銀幣就可以生產出兩個以上純度較低的白銀幣，形成貨幣增加，變相的通膨。

這樣的純度意涵也等同現代黃金相兌美元的意涵。計算公式實際上就是計算出美元的含金程度。這邊就計算一次：今日黃金為 2,480 美元兌 1 盎司，將 20.67 除上 2,480 會得到千分之 8.33。所以可怕的事情是，美元正與迪納利斯一樣，在圖五十的右下方……美元含金量已經低於 1％，剩下的 1％ 也會在不出 20 年內消遞。

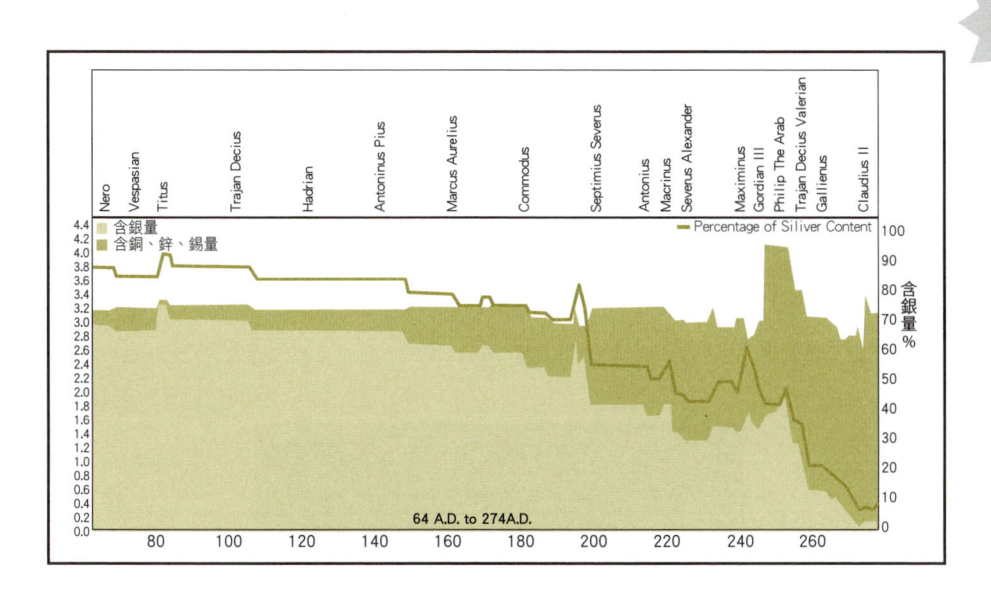

圖五十：迪納利斯貶值圖

資料來源：goldchartsrus.com

**法定貨幣**不會因為是黃金白銀或是某種存在就不會受到當權者的操弄。即使是真金真銀依然會受到造假純度的問題。只要當權者需要更多銀幣，如無法透過稅收的方式馬上挹注，最方便的都是開啟潘朵拉盒子：**稀釋貨幣**。即便在現在的任何一個國家也都是用此方法運行國家財政（增加法定貨幣供應），底層人民無一可倖免。

鑄幣過程中，稀釋貨幣導致通貨膨脹，購買力偷取的收入，又稱**鑄幣稅**。稍後章節會反覆提到，看過本書的人未來一定都很能運用這個詞彙。

## ▶ 歷史典型（2）：宋朝交子 ◀

印刷術發明後，宋朝成為一個實際上國力並不弱的朝代。因為國土佔地為其他朝代 1/4 面積，邊防軍費是其他朝代至少兩倍以上，等同軍費除上國土面積負擔比率為 8 倍以上，但卻可以賺比其他朝代更多的錢，顯示出當時優異的經濟能力。在此時空背景下，交子出世！（圖五十一：交子）

圖五十一：交子

資料來源：維基百科

在交子登場之前實際上唐朝就曾經使用過飛錢的概念。飛錢是唐代時期的匯票制度，是紙幣的最初始型態。飛錢仍屬於一種匯票，得在各地換取等額的金錢，是商旅為避免攜帶大量金銀，提升行旅風險而發展出的制度。據史料記載產生約當於唐憲宗統治時期，初始能兌換的地點需指定，故便利性並不高。

交子剛開始也是如此，為商人間貿易所使用的紙質匯票。跟飛錢一樣都要到特地的行號兌換。但民間發行完全靠商人本身信用發行，可想而知最後都會因為私人濫發導致一文不值。北宋政府看到此狀況，即下令由從民發交子改成官發交子。

剛開始信用都是非常好的，因為四川邊防契丹，平時都會有大量的貿易，為了避免貨幣（銅幣）流出他國，四川只能使用鐵錢，十分不便，故產生使用交子。交子在邊防剛開始流通十分有效，甚至出現要紙（交子）不要錢（鐵錢），鐵錢兌換交子的匯率一度超過面額。其便利之況可見一斑。

宋仁宗後戰事頻繁，導致以年為界發行的紙質交子（因為交子為紙值，會有腐爛問題，因此一年為一界發行，不可重界重發，時間到即回收），產生了疊界重發，彌補國庫流失問題，最後又是超級通貨膨脹，交子價值歸零收場。

## 第二節

# 現代貨幣制度

### ❯ 債務赤字與準備金制度 ❮

在理解歷史上貨幣必然貶值至零的狀況下，鑄幣稅的存在可以說只要有人類就會有。要理解現代鑄幣稅，就必須先提到**銀行制度準備金制度**。銀行準備金制度源自於 17 世紀的金匠銀行家（Goldsmith bank）。

專門保管他人的金幣並發行兌換券，實際上就跟前面提到可以兌換鐵錢的交子一樣。剛開始這些銀行家都會遵守規則以確保信用，一段時間後發現真正會提領所存金幣的人實際上不多，只要在手上保存平常存戶會提領的金幣下，開始利用存戶們不會拿取的金幣額度，就可以額外放貸出去收取利息！這個平時應該存在銀行的額度就稱：**銀行準備金**。

此時市面上就會透過銀行券增加貨幣供應（只要存款或貸款人使用銀行券並相信該券價值）。在良性的放貸投資過程中，借貸者的銀行券還可以再存入該銀行，然後該銀行再依照剛剛提到的保留一定銀行準備金（這時是銀行券），就會繼續再次放貸出去。

|  | 存入（美元） | 放貸（美元） | 總貨幣供應（美元） |
| --- | --- | --- | --- |
| 一開始 | 100(金幣)<M0> |  | 100 |
| 第一輪 | 100(金幣) | 80(銀行券) | 180 |
| 第二輪 | 80(銀行券) | 64(銀行券) | 244 |
| 第三輪 | 64(銀行券) | 51.2(銀行券) | 295.2 |
| 第四輪 | 51.2(銀行券) | 40.96(銀行券) | 336.16 |
| 無限輪 | … | … | 500<M2 或 M3> |

表十八：透過銀行準備金比率膨脹的貨幣

資料來源：作者提供

如此循環如表十八所示，假設**銀行準備金比率為 20％**（意指存 100 元，只須保留 20 元給存戶提領），最後會產生銀行準備金比率的倒數，即 20％倒數，5 倍這個數字。同時注意到 500 價值的貨幣，有 400 完全透過放貸流程多出來的是銀行券而非實體金幣。這個銀行券增加的過程，5 倍這個數值就稱**貨幣乘數**，而一開始的金幣就稱**基礎貨幣或 M0**，末端產生的貨幣總數量稱**貨幣總量或 M2、M3**。

放貸過程中常常會導致的榮景，大家對未來越來越樂觀，瘋狂投資，也不覺得銀行券有何問題。直到泡沫破裂，存戶因損失擠兌銀行，這時就會發生銀行倒閉。這也是為何 2023 矽谷銀行倒閉的原因：**投資人擠兌存款**。

所以我常常跟朋友說銀行最怕你領實體鈔券，因為目前台灣的存款準備金率是 5％。每 100 元實際上只有 5 元的現金準備，其他 95％的台幣都是透過銀行貨幣乘數所產生的台幣。這樣大家就知道為何銀行常常面對需要大筆現金的存戶都會特別緊張了吧！

## 台幣是美元的分身

以前曾經遇到一位退休公務人員與我談論國家貨幣的黃金儲備。對方告訴我「國家發行的實體貨幣皆有40％黃金準備，其他60％為美元準備。此資料央行網站裡清清楚楚，台幣不可能濫發。」當時我聽到告知，央行資料裡的黃金準備的資料是為基礎貨幣，就是台幣並非透過貨幣乘數產生的實體鈔券。

而如果只看這些鈔券實際上有38％左右的黃金準備。但實際上是有95％的台幣都在銀行的電腦位元內，不屬於實體的台幣（數位台幣）在你我每日使用的銀行帳戶流竄。因此實際上台幣皆連結美元，實際上黃金準備不到3％，其餘97％以上都是美元儲備。

而美國自2020年後開啟了零存款準備金制度。意思是貨幣在未來是可以擴張到無限的意思（零的倒數是無限）。所以鑑由週期裡提到的利率週期反轉自2020年開始，很多總經因子在COVID-19後大幅反轉，世界已經無法回到疫情前的經濟狀況了。因此已經設定可以瘋狂虛發的美元佔台幣97％，美元背後的黃金儲備比率也被稀釋到不到1％，那台幣背後的準備實際上就是一場空。（0.97X0.01＝0.0097……）

這時大家應該更懂整個貨幣架構。明白在貨幣上，台灣儲備美元實際上就是美國殖民地。當然也靠母國發達吃肉，殖民地才能喝湯。也顯示了COVID-19時，美國人不用工作領更多，台灣人不能不工作，全民領個3萬元意思一下。實則可笑。

回顧先前所討論的麵包和飲料的例子，在兩個商品都漲價的狀況，你要怎麼選擇？或是後來討論的黃金和股票的例子，在兩個資產長期都漲價的狀況，你要怎麼投資？最後你就會發現，如果你

常常買了就賣，然後持有現金的時間特別長，風險就會特別大！

舉例來說，如果有一個人在台北買了一間房子作為投資，購入價格 1,000 萬的不動產，過了三年市場價格上漲，用 1,200 萬價格賣出。再過一年後房地產持續上漲，當初所購入的在實價登錄已經達到 1,300 萬時，會遇到以下幾個問題：

1. 進出的交易成本雜費（仲介代書費等等）
2. 政府政策的稅金（依照最新政策課取）
3. 持有現金是否還要持續追高

這些問題放在股票或是貴金屬也都是一樣。產生了稅金和雜項成本負擔外，最重要就是剩餘利潤是否還要再砸入！此時分成兩種狀況：再投入或不投入。

再投入產生了成本墊高的問題，且心態上也會因為後來漲到 1,300 萬的 100 萬是當初沒有賺到的追高成本，自然會不自在。且還有計入更多成本。

不投入產生了法幣裸露風險問題，這也是擁有貨幣幻覺最多顯著問題的地方。因為 1,300 萬可能是目前市場看到最高價，此時不投入產生了未來上漲都無緣的狀況。手上法定貨幣相形被貶值，造成了看得到吃不到的狀況。

鑑於每日都會新增的法定貨幣導致貶值（就是物價和資產價格上漲），有錢人都是盡可能購買資產後很少進進出出。而是掌握了金雞母的地段後，如果需要用法幣只需要貸款即可，不會輕易出脫手上優良的資產。而窮人會不斷的進進出出，甚至遇到資產價格進入真空區時，裹足不前的問題。

因此結論就是**有錢人都是擁有許多資產，窮人擁有法定貨幣負債**

（所謂的資產價格真空區就是在貨幣貶值過程中導致新價格的狀況。因為法幣必然貶值，因此如同房價會永遠上漲的概念一樣，但在新高價後，沒有人可以正確評估出未來的真實價格，造成價格真空區！）

## ▶ 貨幣的生成 ◀

前一篇已跟讀者解釋，基礎貨幣透過銀行存款貸款系統，可以得到貨幣乘數的膨脹數值。而基礎貨幣又是怎麼生成的就很重要。故事就必須提到中央銀行的誕生。

近代央行的成形主要是從英國建立起央行後，可以透過一個集中權力的機構來控制貨幣的收縮和膨脹問題。因為在此之前，國家的貨幣在某種程度上很侷限於當下的經濟活動。

如果大家感覺經濟是膨脹的，則貨幣的流通速度就會加快，金銀幣就會很容易取得，這時一切都欣欣向榮。但相反的，遇到天災人禍，就會導致緊縮預期。尤其緊縮到後來還會導致變相的經濟大蕭條！因此貨幣在經濟週期內，就會顯得不容易控制。

當權者在貨幣上除了收取真實鑄幣稅（如之前提到銀幣參假的實體操作）外，很難在短時間內改變大家對經濟的預期。每每遇到需要調整的週期時，都需要長期的時間去消化化解。但央行的形成卻反而可以在經濟需要收縮膨脹時給予一定的貨幣政策！並且在超主權的過程中，集中權力來處理貨幣問題，減少其他信用問題。

而央行打從誕生就註定為了當權者服務！因為任何一個新銀行的誕生都必定有基本的資本。好比一家公司登記需要有資本額一樣，剛開始大家都必須拿出錢來，這樣發行銀行券才會有人相信你可以兌現。

因此在美國過去的歷史裡，19世紀常常遇到所謂的榮景進而泡沫破裂的週期好幾次。每次在經濟蕭條中再站起來常常需要10至20年長的時間！漸漸的就有呼聲應該要有機構可以監管銀行，且進行主要救助金融的機構。美聯儲就在危機中應運而生。

美聯儲如剛剛所說，剛開始這家機構是需要注資的，否則大家自然不會有所信任！因此剛開始有JP摩根、花旗、高盛及每次在危機中莫名都會受到幫助的德意志銀行注資。而美元的發行權，由美聯儲非美國政府負責，這一機制由《1913年美聯儲法案》確立。

既然掌握了國家貨幣發行權，銀行家們唯一要做的事情就是將貨幣放貸出去收取利息。這時借貸的對象已經不是個人或企業而是整個國家！以國家的未來稅金支付的整個系統應運而生。每當國家需要更多超支（國家赤字）時，美聯儲就可以額外再開據條借出新的債務給美國政府融資。如圖五十二：

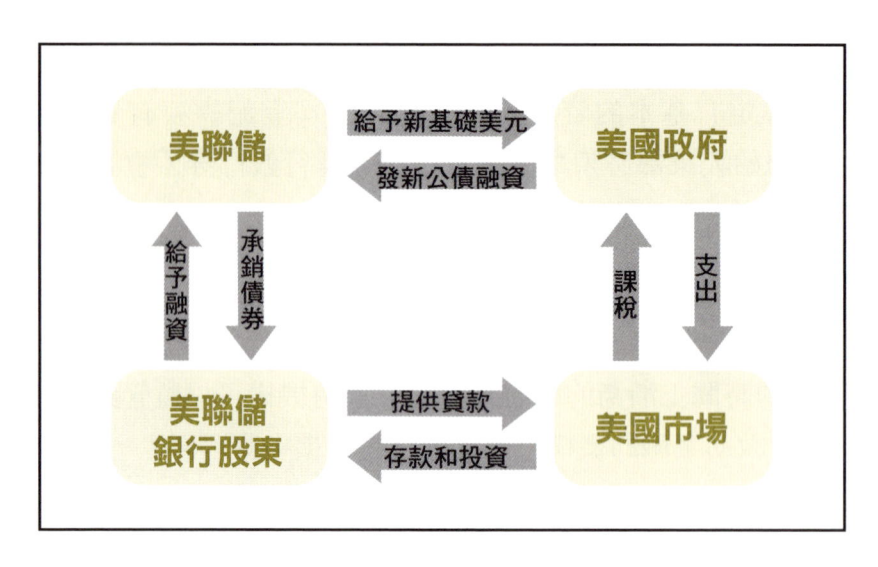

**圖五十二 簡單美國貨幣簡圖**

資料來源：作者提供

可以從右下方開始看到美國市場實際上代表美國散戶或是全球美元圈鏈，美國政府會進行課稅，但因為政府基本上都是花錢的機構，既然是花錢機構就不會思考到要怎麼省錢！

另外整個機制也是鼓勵美國政府借錢融資，打從一開始就沒有要美國政府好好省錢。因此課稅不足的部分為國家財政赤字，政府既然沒有貨幣發行權，就會跟美聯儲用政府公債（未來的稅收作保證）來融資交換出**基礎美元**。（為圖五十二上方發行新公債兌換新美元）

基礎美元誕生後，政府會再支出投放進入市場，人們拿到該美元再放入銀行，經過銀行準備金制度膨脹，造成目前媒體常用的詞：**通貨膨脹**。通貨膨脹一詞實際上是指通貨變多了，也就是法定貨幣變多（通貨就是貨幣的意思），並不是直指物價上漲。但坊間將其原意曲解成通貨膨脹等於物價上漲。實際是通貨的數量增加導致物價上漲。

此**基礎美元建立在國家赤字**，如果政府沒有赤字就不會有額外新的基礎美元以供貨幣膨脹，如果國家沒有貿易赤字就沒有美元以供他國作美元儲備，所以整個流程開端就是從美聯儲放貸出基礎美元給美國政府，讓美國政府的納稅人背負債務，而貨幣升成一開始的角度就是債務連結。

過程中美聯儲還會再將債券給符合規定的銀行作發行，這些銀行自然就是美聯儲股東，在控制貨幣發行權後，就連債券的標售手續費也是龐大的收入來源。梅耶・羅斯柴爾德（Mayer Amschel Rothschild）說「**只要讓我控制一個國家的貨幣發行權，我不在乎誰制定法律。**」

因此央行可謂現代資本主義的最高權力殿堂，也是主要掌控著我們經濟週期的主要影響單位。明白美元誕生是以債務發行，就注定**貨幣誕生同時具備貶值**的意義。這也是為何創銷書作者羅伯特・清崎說：**存美元的人都是輸家**（美元就是債務）。

所以我們試圖統整一下邏輯，假設今天你是國家政府，每當你遇到需要額外資金時，可以選擇好好搞經濟以期待未來稅收增加，或是直接跟美聯儲刷信用卡。

這種情況，想當然都會直接刷卡比較快。反正可以用未來的稅收作抵押，只要現在先刷卡，說：「我刷卡是為了增加未來收入」，那刷起來也會名正言順。因此這個系統下，你只會一直刷卡，然後透過美元霸權的建立，讓持有美元的人正常繳稅，確保整個系統可以運行下去。

### 近代紙質法定貨幣本身綁定政府赤字，具有債務性質

如此一來大家可能慢慢能體會，為什麼我一直不以價格為核心來論述貴金屬投資，盡量用資產交換比率破除貨幣幻覺來闡述價值投資。主要原因在於法定貨幣本身就是債務。如果你明白這個觀念，你就可以反向得利。因為：

持有法幣的人本身即持有債務，需支付鑄幣稅；
持有資產的人本身即持有資產，可收取鑄幣稅。

這也是羅伯特‧清崎說的，民眾賺假錢、花假錢、省假錢……手上皆是法幣或是消費性債務，生活的不易可見一斑。

也就是為何每當有人問我該什麼時候買入賣出，實際上我都要優先**參照比率而非價格**。只有比率才能引領我們看破法定貨幣的操弄價值遊戲。在這遊戲裡，99％的民眾幾乎都在每日鑄幣稅徵斂下生活，也難怪未來得日復一日的持續工作。

## 第三節

# 史上最大的債務危機

### ➤ 高齡化債務危機 ◂

先前已提到羅馬帝國格拉古兄弟的小麥法到後來是免費救濟擁有羅馬公民權的人，在 20 世紀初也有著五花八門的免費失業救濟金、刺激性檢查法案支票(COVID-19 時的免費美元救濟金)、食物券及未來必當實施的免費基本工資收入。金融救助玩火的情況將越演越烈，至死方休。而筆者在台灣自當以台灣勞保作為一個論述，讓大家知道這危機真的太誇張，真的都沒有政黨可以處理，必然成為社會的定時炸彈。

首先提到勞保赤字，目前皆由政府撥款支出，這項支出實際上都可以視作特別預算支出，就是政府赤字融資。所以用基礎貨幣的形式來補救其漏洞，在經過銀行準備金制度後就會擴張貨幣數量造成通貨膨脹。

| 首次出現保費收入不足支出年度 | 106 年 |
|---|---|
| 首次基金累積餘額出現負值年度 | 117 年 |

| 勞保基金累積餘額 | 5 年後 (114/12/31) | 465,797 |
|---|---|---|
| | 10 年後 (119/12/31) | (758,089) |
| | 20 年後 (129/12/31) | (7,322,148) |
| | 30 年後 (139/12/31) | (20,169,986) |
| | 40 年後 (149/12/31) | (40,568,891) |
| | 50 年後 (159/12/31) | (71,448,209) |

表十九 勞保精算報告基金餘額估算

資料來源：台灣勞保局

如表十九可以看到目前預估為 2028 年會出現基金餘額到零的狀況。因此這幾年政府皆有挹注資金試圖補足漏洞。以下則是 2023 年的新聞報導摘錄。

---

*【時報-台北電】行政院會今日將通過明年度中央政府總預算案，由院長陳建仁親自出面說明，針對外界憂心勞保 2028 年破產，今年加碼編列 1,200 億元撥補勞保基金，加上疫後特別預算 100 億元，總金額上看 1,300 億元，也創下新高。在野黨團認為，當前撥補金額相較勞保潛在負債金額 11 兆，只是杯水車薪，應盡快思考勞保改革方案才是正辦。*

*勞保年金財務惡化，蔡政府自 2020 年編列公務預算用於撥補勞保年金，加上疫後特別預算 300 億，共計 1,470 億；日前陳揆喊出明年撥補提高至 1,000 億元，最後拍板加碼至 1,200 億元，加上疫後特別預算有 300 億元，自今年起分 3 年撥補勞保，意即明年勞保撥補金額將達 1,300 億元，累計撥補 2,670 億元。*

所以目前已補撥累計達 2,670 億元進入勞保基金，此時我們在回顧 2022 年的精算報告缺口，如表二十用固定費率 11.0％可以看到的勞保收支差額在 2024 年剛好就是 **1,303 億台幣收支缺口**。這也是為何政府刻意要補撥 1,300 億的原因！（因為精算報告計算數值）

| 年度 | 保險費率 | 期初基金餘額 (%) | 保費收入 (%) | 生育給付 | 傷病給付 | 失能給付 | 死亡給付 | 老年給付 | 小計 (3) | 收支差額 (4)=(2)-(3) | 政府撥補 (5) | 投資收益&資金成本 (6)=[(1)+(4)/2+(5)]*5/8 | 期末基金餘額 (7)=(1)+(4)+(5)+(6) |
|---|---|---|---|---|---|---|---|---|---|---|---|---|---|
| 110 | 10.5% | 762,492 | 430,815 | 7,965 | 1,047 | 5,003 | 30,126 | 433,120 | 477,260 | (46,445) | 22,000 | 30,304 | 768,352 |
| 111 | 10.5% | 768,352 | 429,503 | 7,773 | 1,077 | 5,229 | 31,481 | 465,046 | 510,606 | (81,103) | 30,000 | 30,112 | 747,360 |
| 112 | 11.0% | 747,360 | 449,339 | 7,596 | 1,105 | 5,446 | 32,964 | 490,387 | 537,498 | (88,160) | - | 28,131 | 687,332 |
| 113 | 11.0% | 687,332 | 449,232 | 7,435 | 1,132 | 5,653 | 34,092 | 531,220 | 579,532 | (130,300) | - | 24,887 | 581,919 |
| 114 | 11.5% | 581,919 | 469,276 | 7,294 | 1,155 | 5,849 | 35,735 | 555,908 | 605,942 | (136,666) | - | 20,543 | 465,797 |
| 115 | 11.5% | 465,797 | 466,746 | 7,160 | 1,180 | 6,023 | 37,363 | 596,337 | 648,062 | (181,317) | - | 15,006 | 299,486 |
| 116 | 11.5% | 299,486 | 465,645 | 6,980 | 1,194 | 6,171 | 39,051 | 630,377 | 683,772 | (218,127) | - | 7,617 | 88,975 |
| 117 | 11.5% | 88,975 | 463,374 | 6,841 | 1,208 | 6,308 | 40,686 | 664,548 | 719,590 | (256,216) | - | (1,565) | (168,806) |
| 118 | 11.5% | (168,806) | 462,053 | 6,693 | 1,223 | 6,481 | 42,772 | 704,544 | 761,714 | (299,661) | - | (12,745) | (481,213) |
| 119 | 11.5% | (481,213) | 461,376 | 6,570 | 1,232 | 6,596 | 44,546 | 740,524 | 799,469 | (338,093) | - | (26,010) | (845,316) |
| 120 | 11.5% | (845,316) | 460,514 | 6,476 | 1,242 | 6,715 | 46,334 | 775,218 | 835,984 | (375,470) | - | (41,322) | (1,262,108) |
| 121 | 11.5% | (1,262,108) | 460,160 | 6,393 | 1,254 | 6,841 | 48,204 | 809,446 | 872,137 | (411,976) | - | (58,724) | (1,732,809) |
| 122 | 11.5% | (1,732,809) | 459,375 | 6,331 | 1,260 | 6,946 | 50,140 | 846,293 | 910,970 | (451,595) | - | (78,344) | (2,262,748) |
| 123 | 11.5% | (2,262,748) | 459,600 | 6,273 | 1,266 | 7,053 | 52,140 | 884,162 | 950,893 | (491,293) | - | (100,336) | (2,854,377) |
| 124 | 11.5% | (2,854,377) | 457,915 | 6,254 | 1,272 | 7,152 | 54,177 | 920,561 | 989,417 | (531,502) | - | (124,805) | (3,510,684) |
| 125 | 11.5% | (3,510,684) | 456,935 | 6,204 | 1,277 | 7,243 | 56,286 | 954,387 | 1,025,396 | (568,461) | - | (151,797) | (4,230,942) |
| 126 | 11.5% | (4,230,942) | 456,284 | 6,181 | 1,279 | 7,329 | 58,469 | 984,179 | 1,057,437 | (601,153) | - | (181,261) | (5,013,355) |
| 127 | 11.5% | (5,013,355) | 455,802 | 6,176 | 1,283 | 7,412 | 60,709 | 997,559 | 1,073,138 | (617,336) | - | (212,881) | (5,843,572) |
| 128 | 11.5% | (5,843,572) | 455,910 | 6,183 | 1,285 | 7,488 | 63,043 | 1,025,041 | 1,103,041 | (647,131) | - | (246,686) | (6,737,389) |
| 129 | 11.5% | (6,737,389) | 455,371 | 6,210 | 1,287 | 7,559 | 65,415 | 1,049,641 | 1,130,112 | (674,741) | - | (282,990) | (7,695,121) |
| 130 | 11.5% | (7,695,121) | 453,578 | 6,230 | 1,287 | 7,617 | 67,813 | 1,072,957 | 1,155,905 | (702,327) | - | (321,851) | (8,719,300) |

**表二十：勞保精算報告現金流量表**

資料來源：台灣勞保局

此時再將收支差額作成直條圖如圖五十三所示：

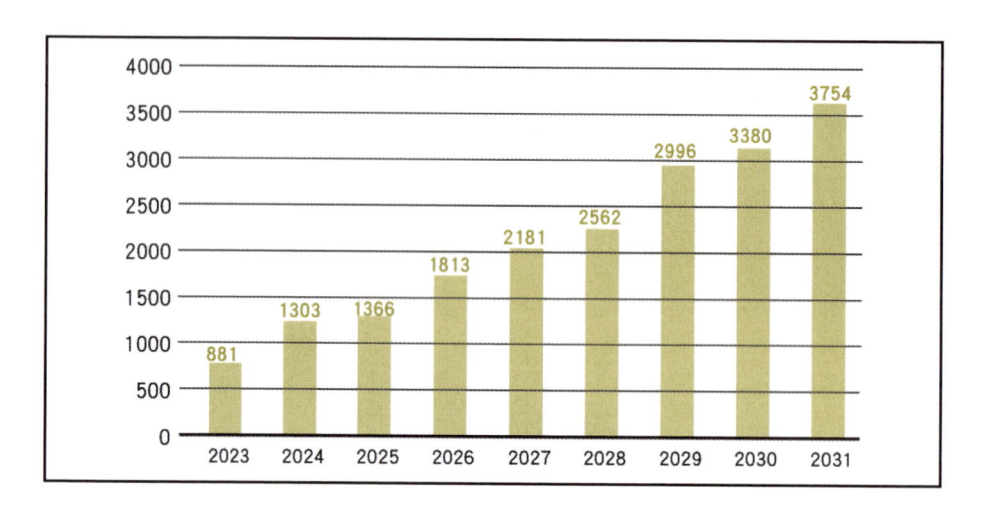

圖五十三：勞保收支差額（單位：億元台幣）

資料來源：台灣勞保局和作者提供

可以看到圖五十三，至 2025 年仍有 1366 億的收支缺口，要知道這樣的缺口藉由政府赤字撥補會有怎樣的影響，此時就須要在回顧先前所教的銀行準備金和貨幣乘數。

複習：如果基礎貨幣是 100 台幣，透過銀行準備金率為 5%，貨幣乘數 20 倍，最終貨幣總量（M2）就會是 100X20＝2,000 元台幣。

勞保收支差額影響台灣貨幣存量，計算上需要有以下參數：

1.銀行準備金率：5%
2.貨幣乘數為銀行準備金率倒數：20 倍
3.目前貨幣總量 M2：62 兆 8,563 億元

因此 2025 勞保收支缺口為 1,366 億台幣，用政府赤字撥補為基礎貨幣。透過銀行準備金率膨脹估算如下：

1,366 X 20 = 27,320（2.732 兆台幣）此為透過銀行準備金率會膨脹的數值。

再除上目前的貨幣總量（M2）

2.7320 / 62.8563 = 4.3%

這 4.3％意思就是當年度會影響物價指數 CPI 的數值。因為台幣透過基礎貨幣增發膨脹後，貨幣既然多出 4.3％，物價自然也會受到 4.3％的上漲影響。且如果再加上目前的貨幣年增率 4％，實際上就會有 8％以上的通貨膨脹問題！懂得會計算以上數值後，自然會知道政府的物價指數都是謊言騙局。以下是政府的報導擷取：

*【新唐人亞太台 2024 年 05 月 07 日訊】台灣主計總處公布最新，4 月份消費者物價指數（CPI），經過季節調整後，相較 3 月上漲 0.10％，較去年同期上揚 1.95％，另外生產者物價指數（PPI）年增率上揚 2.06％。4 月物價漲幅較明顯的，例如甘藍菜、木瓜、鳳梨，漲幅超過 3 成，金飾及珠寶漲 18.39％，整體觀察，4 月份醫藥保健類漲 3.52％；食物類物價上漲 2.58％，1-4 月平均 CPI 較上年同期漲 2.24％，核心 CPI 漲 2.12％，整體通膨仍超過 2％警戒線。*

而政府公布的 CPI 數值，2020 年一月為 99，2024 年 7 月為 107.91。三年半的時間裡，107.91/99＝1.09，居然物價在疫情後只增加 9％。試想看看這個說出去是不是會笑死人！三年半只通脹 9％！而央行貨幣總數值 2020 年 1 月為 50.1878 兆，2024 年 6 月為 62.8562 兆。直接用 62.8562 兆除上 50.1878 兆得到增加幅度 25％。最後得到整整自 2020 年三年半時間：

政府物價指數累計：9％
央行貨幣增加累計：25％

落差高達 14％，稱之騙局不為過。同時大家看台灣股價指數、不動產漲幅動輒超過 25％，就可以知道新增的貨幣流向。所以我們在思考這樣的騙術還可以用在薪資計算上：

政府物價指數累計：9％
央行貨幣增加累計：25％
你的薪資是公務員跟隨物價指數累計增加：9％

又會是一場落差達 14％的差距，那如果你不是公務員沒有加薪到，你實際上就落差將近 25％，這樣大家就明白一件事實：

你的台幣儲蓄三年半被偷走：25％
你的薪資實際上三年半減少：25％

請問如果你是只靠薪水吃飯，看看日子壓力會多大，不要說 2020 年以前的數值累計運算。

因此任何新的支出只要懂貨幣學，都可以簡單試算這樣的支出會對我們的生活產生多大的影響。這也是我一直想傳達給讀者們一個重要的訊息：**法定貨幣大貶值時代**。

勞保收支差額到 2030 年會達到 3,380 億元（圖五十三），透過計算最後會得到 6.76 兆的貨幣總量增加！到時假設貨幣基值達到 70 兆仍會有將近 10％的貨幣增加。

此時可以提出一個大膽的結論：

**勞保問題越後面就會導致越嚴重的通貨膨脹！（通貨膨脹％＝貨幣供應％）**

試想一年 10%的通脹數據變成習慣時，台幣還能存續多久就會是一個議題。因此這幾年的政府補播新聞都要特別注意，年復一年會大大影響台灣的民生物價，透過政府赤字新增基礎貨幣剝奪人民購買力。

**直到嚴重貶值出現了，人們才會發現這是偷竊。**

因此這邊只是拿出一個最嚴重的議題，來跟大家計算赤字融資對大家財富的嚴重性。其他仍存在各類退休金問題。在未來的當下都會藉由鑄幣稅向持有台幣的人徵收。相反的你知道這個趨勢的到來會趕緊保護自己，也會創造驚人報酬率！

所以大貶值時代，貴金屬就會如同 1970 至 1980 年的美國一樣，當人們受到高通貨膨脹影響時，人類最底層的潛意識就是會跑到黃金白銀上。歷史上最大的投資機會就會應運而生。

那應該也會有讀者想問：勞保問題有解方嗎？

關於該問題實際上以前就有人提出幾個方向，以下則是我的整理：

**1. 調高保費**
**2. 延後退休年齡請領**
**3. 降低給付額**
**4. 領取條件從嚴**

最後以上四點都不行時
**5. 印鈔撥補**

### ① 調高保費：

在精算報告裡有三種版本分別是提撥率 10.5％、11％及 11.5％。而大家如果只單看數字從 10.5％到 11.5％提撥率實際上只增加 1％就可以延後破產幾年，可是實際上民眾的感覺是增加了 9.5％的勞保支付（11.5％／10.5％ 1＝9.5％增幅）。更誇張的是裡面是建議提撥率到 20％以上才能大幅延緩破產問題，還不是可以避免破產。所以調高保費在理性上就已經不可行，何況只要喊漲，企業或是勞工都會負擔更大，可支配所得下降，在選舉上政黨無異自毀前途。

### ② 延後退休年齡請領

這個完全不能避免減少但可以延後破產時間。所以近幾年都有因為死亡年齡上升而延後退休請領年齡。（實際上就是要你越慢領越好）但說真的越老才能領取的退休金可能也代表你在那之前就死亡的可能性也是更高，拿到退休金後真的也只能「養老」。

### ③ 降低給付額

這招更狠，直接砍掉未來承諾的退休金，但實際上操作會跟 1.調高保費有很大的壓力。如果真的降低，勢必引起台北凱達格蘭大道前的大遊行！選舉也不用玩了，因此這個方案也是作廢。

### ④ 領取條件從嚴

這幾年都陸續有聽到類似如果從事與申報的職業不同，則可能全部作廢未來領取的福利。或是年金請領的計算機制有更改的更嚴格，無法透過後五年來調升未來退休的年金額度。相信這招政府還會再設立更多條件障礙。

### ⑤ 印鈔撥補

而最後會發現以上方法沒有一個能治本，完全都只能緩慢改革或是點到就止！最後政府仍會像現在採取拖延方式：**政府赤字撥補**。如大富翁四遊戲，將定時炸彈移轉到下一執政者手裡，不要在我執政時炸開就好！！！

當時 2020 年研究完勞保和一些簡單的白銀供需問題後，搭配金銀比開始了投資之路，而實際上就勞保這個未爆彈，就值得我投資金銀對沖台幣貶值風險。

## 美國公債危機

債務危機基本上就是貨幣危機，為了補足債務需求的缺口，執政者只能不斷印製更多的債務填補，而這一切也跟百年的週期有關，如圖五十四，每個主權貨幣週期分別為 80 至 100 年。美元霸權自 1944 年布列敦森林制度以來，2024 年剛滿 80 週年。而歷史上最長的主權貨幣週期並未超過百年，試想美元自 1794 年誕生以來，歸零 2 次。直到 1944 年開始掌握全世界財富，憑藉著強大軍事和金融創新主宰全球也不過 80 年。

（布列敦森林制度是 1944 年 7 月至 1973 年間，世界上大部分國家加入以美元作為國際貨幣中心的貨幣制度。布列敦森林協定對各國就貨幣的兌換、國際收支的調節、國際儲備資產的構成等問題共同作出的安排所確定的規則、採取之措施及相應組織機構形式的總和。）

**目前正在美元衰落的「後期」。**

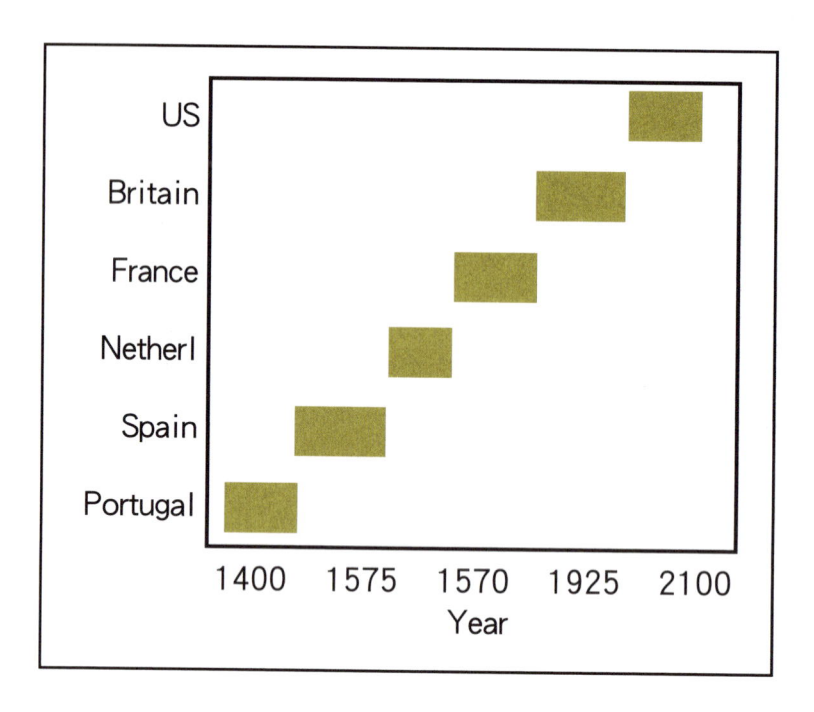

**圖五十四：主權貨幣週期**

資料來源：雷達利歐之領英（LinkedIn）文章

主權貨幣週期後期幾乎都搭配著**大貶值**的歷史。沒有任何一個國家法定貨幣能擊敗黃金白銀，在歷史上這些法定貨幣最後都會消逝，留下來則是真正的內含價值（金銀則有價，紙質則垃圾）。

問：那該怎麼衡量美元霸權走到盡頭了呢？

答：看**負債比**。

負債比：負債比是一項很簡單的指標，假設你今天擁有一間房子，市值 100 萬，你借了 50 萬貸款，那這間房子的負債比就是 50%。（50／100＝50%）

**負債比＝負債／資產**

那國家的資產衡量就會使用到國內生產毛額 GDP 當作資產來衡量一個國家的市值。如圖五十五。

---

GDP 基本亦稱國內生產總額、國內生產總值，在描述地區性生產時稱地區生產毛額，是一定時期內（一個季度或一年）一個區域的經濟活動中所生產出之全部最終成果（產品和勞務）的市場價值（market value）。國內生產毛額是國民經濟核算的核心指標，在衡量一個國家或地區經濟狀況和發展水準亦有相當重要性。

---

國家的負債比＝負債／GDP

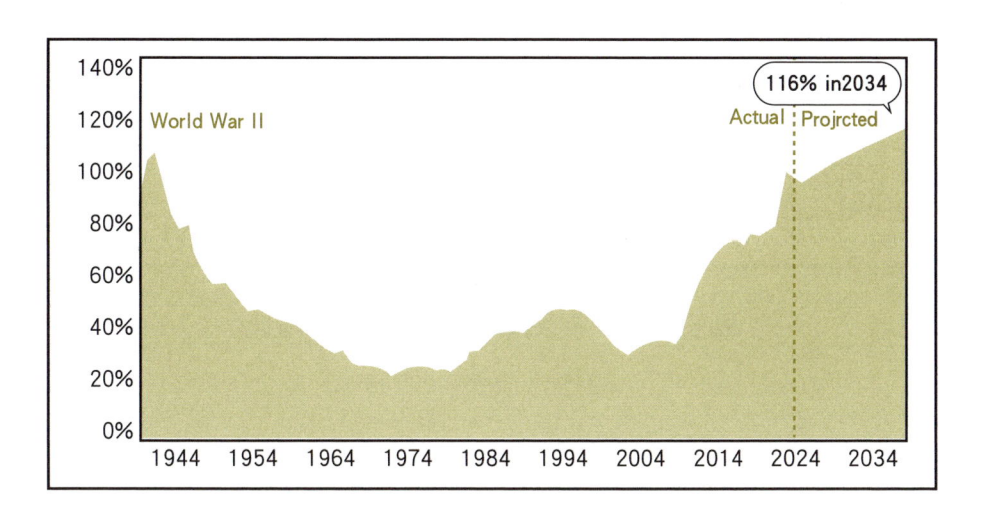

圖五十五：美國負債比

資料來源：www.pgpf.org

美國負債比在公眾持有的百分比下，2030年確定會達到1945年二戰時期的高峰！當前沒有第三次大戰，但債務卻堪比當時，因此看時事也會理解為何美國在世界的影響力開始減弱，例如像軍隊從阿富汗撤出、不直接干預烏克蘭的戰事等等都顯示美國目前出兵都會進一步升高其債務壓力！

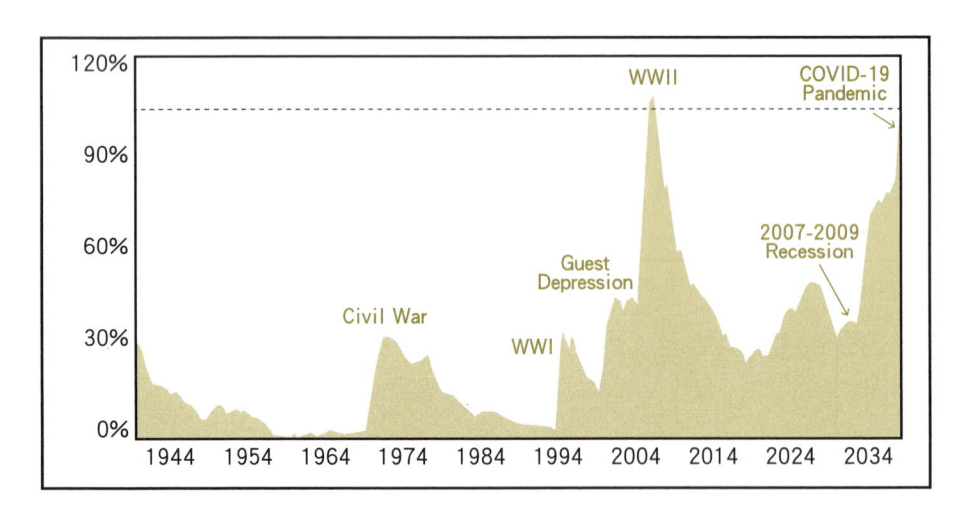

圖五十六：美國建國以來歷史負債比

資料來源：www.pgpf.org

圖五十六更顯示了2020年的COVID-19推升了美國債務壓力。

每次危機裡，常常會有重疊性的總經趨勢。如此高的債務比搭配著高利率，就會形成完美風暴！這時利率百年週期圖就會形成一個重要的預測指標！

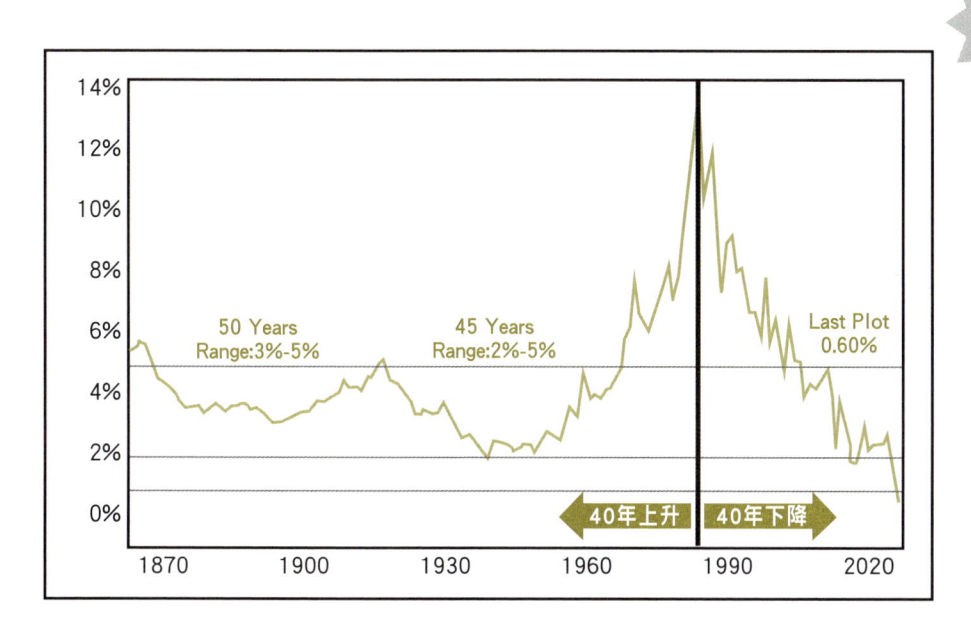

圖五十七：美國利率自 1870 至 2020 年

資料來源：作者提供

過去百年利率圖同樣可見對稱波狀趨勢如圖五十七。

在波狀趨勢內可以見到升息和降息的時間實際上是對稱的，因此上一波為 1940 年開始到 1980 年的兩位數高利率，再從 1980 年代下降到 2020 年，兩者各自為 40 年。因此在 2020 年我看到投資專家麥克‧馬隆尼闡述的利率反轉問題，已經意識到我們開啟了升息週期。並在 2022 年 9 月 19 號，美聯儲升息至 3.08％驗證了後面的升息循環。開啟了未來高通脹高利率時代（如圖五十八）。

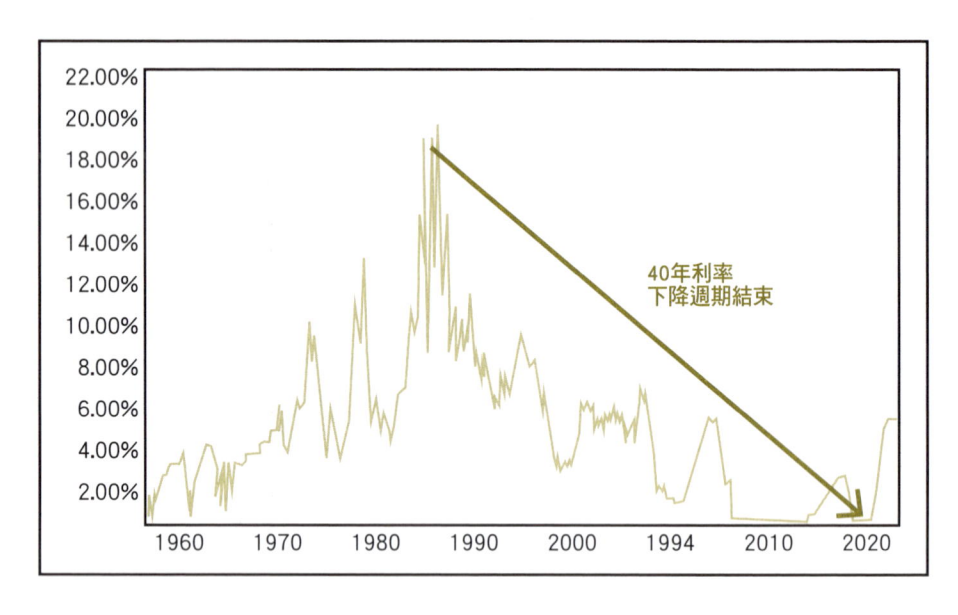

**圖五十八：美國 40 年下降週期結束**

資料來源：Macrotrends 網頁

重疊了以上利率週期、美國負債比和主權貨幣週期，可以發現到美元霸權正陷入極端危險的時間內！2024 年 9 月的今天美國債務達到 35.36 兆，光利息支出就高達 1 兆美元，試想在上升的利率週期中，美債的利息會更多還是更少呢？答案一定是會超級多，最終美債陷入所謂的**螺旋式債務問題**！

**螺旋式債務問題**：這個名詞只要用一般消費者以債養債的方式就可以解釋。當某人消費模式是提前消費，在付不出債務時，只能一直借更多債務來增加消費性負債，直到連利息也付不出後破產！

對主權國家而言，破產一詞實際上就是**貨幣的更換**，在陷入以債養債的漩渦中無法脫身，最後只能放任法定貨幣更大幅度的貶值。

所以你還記得前面所說的，債務的生成會形成基礎貨幣，基礎貨幣實際上綁定債務，債務越多基礎貨幣就會越多，自然影響到經

過貨幣乘數後的貨幣總量。最後最直覺的思考就是：

**增加美國國債 = 增加貨幣總量 = 增加全世界的貨幣**

這時台灣是存所謂的美元外匯存底，當我們賺取一美元，相對應到國內就會增發一定數量的台幣，否則最後我們匯率就會過度升值，影響到國內製造產業。形成了台灣的貨幣不是台灣央行真正能掌握生死的狀況，實際上只要美元有動作，存美元的國家的央行都必須相對應做行動。

美國螺旋式債務膨脹問題最終將造成貨幣貶值的速度加快，如圖五十九，在預估內 2030 年利息佔 GDP 將達到 1980 至 1990 年代的高點，且 1980 至 1990 年高點實際上是因為 1980 年代在雙位數利率後的滯後影響且是在**下降的利率週期**，但這次是在剛上升的利率週期，因此估算利率產生的滯後影響，我們的正在暴風雨前的寧靜中……

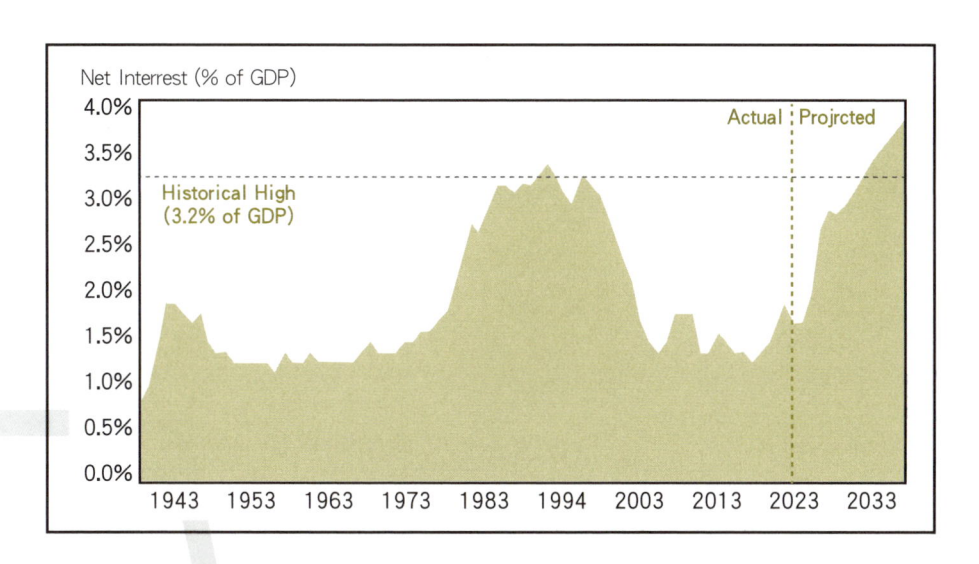

圖五十九：美國國債利息支出佔 GDP 百分比

資料來源：www.pgpf.org

為了更簡單解釋美元螺旋式債務問題，我作了以下簡單邏輯圖，如圖六十。在升息週期中，債務的增長會增加更大的利息支出，導致更嚴重的通脹，最後又會陷入變本加厲的借新還舊模式。

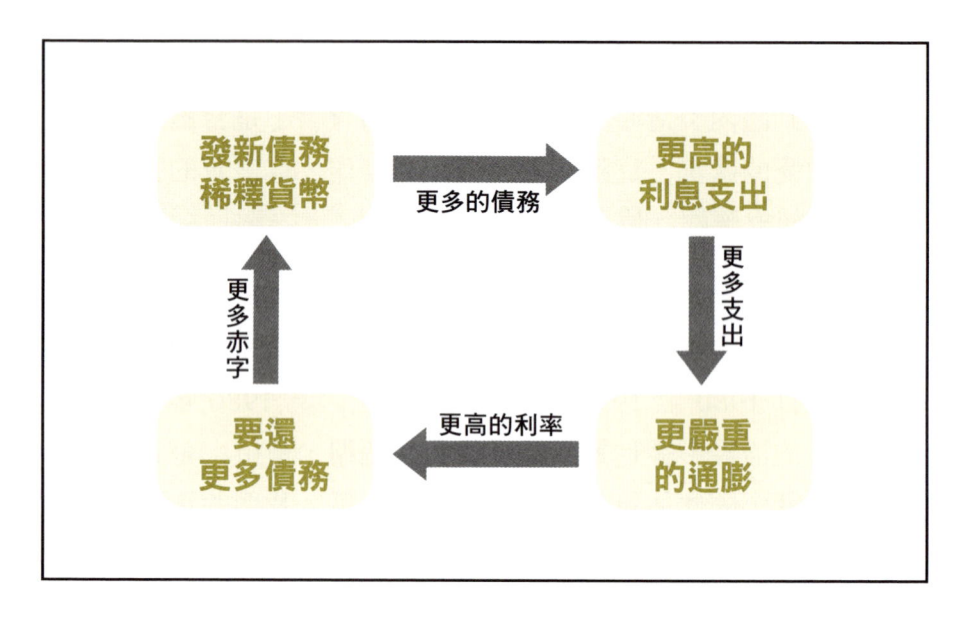

**圖六十：螺旋式債務危機簡圖**

資料來源：作者提供

## ❯ 美國國會預算辦公室預算 ❮

關於美國國會預算辦公室（CBO）的介紹如下：

---

美國國會預算辦公室（Congressional Budget Office，CBO）是一個無黨派機構，提供客觀的預算和經濟分析，並由國會資助。

CBO 的角色與功能主要包括：

預算分析：提供國會對於預算提案的詳細分析，包括預算的成本和影響。

經濟預測：根據經濟趨勢，預測未來的經濟狀況，幫助國會做出更明智的決策。

政策評估：評估各種政策提案的財務影響，包括稅收、支出和社會福利計畫。

無黨派報告：作為一個無黨派機構，CBO 致力於提供客觀的數據和分析，避免政治偏見。

支持立法過程：在國會的立法過程中，CBO 提供必要的數據和分析，幫助立法者理解政策的潛在影響。

這些功能使 CBO 成為國會在制定財務政策和預算決策過程中的重要資源。

---

從 CBO 提供預算分析來看美國未來的赤字問題，推算重要的未來：**貨幣貶值估計**。

試著分析 CBO 預算來估計未來不論是何種貨幣的貶值都相當有效，因為美元就是全世界主要儲備貨幣，任何法定貨幣都是美元的分身，只要美元貶值，其他貨幣自然會競貶。因此在法定貨幣的匯率上實際上顯得不那麼重要，畢竟不論使用何種貨幣，對真正的資產都是貶值一途。

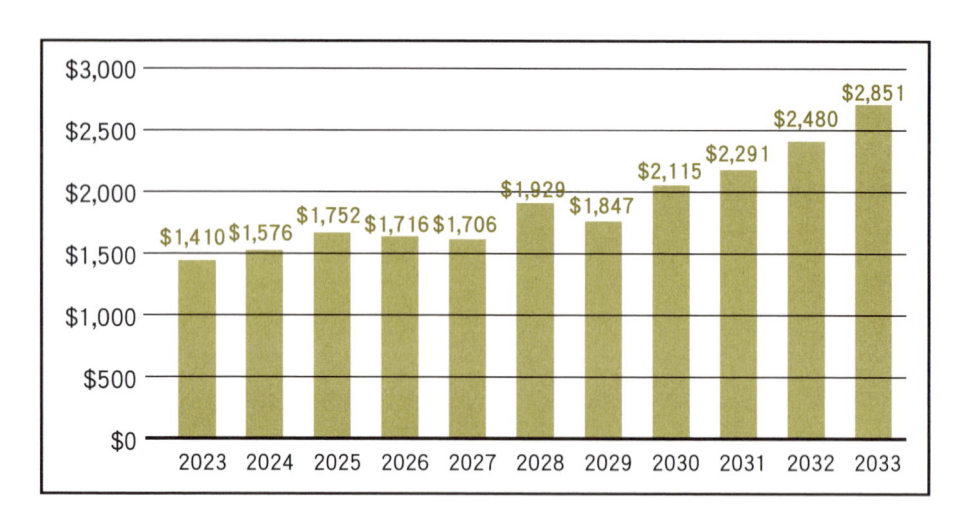

**圖六十一：2023 年 CBO 預算美國政府赤字**

資料來源：CBO 預算辦公室 2023 年報告

圖六十一就是 CBO 預估未來美國赤字的圖表，可以見到 2033 年時，CBO 估算美國會有高達 2.8 兆的預算赤字，這些赤字都可以推算美國債務增加的速度。而 2024 年財政年尚未結束（每年 10 月是財政結算最後一個月），債務赤字卻已經達到近 2 兆美元。可見 CBO 去年 2023 年推算該赤字最終仍會**低估赤字規模**的問題。

那 CBO 預算該如何推算美元的貨幣貶值速度呢？答案就該從前面提到的邏輯就可以簡單推算：

**增加美國國債 = 增加貨幣總量 = 增加全世界的貨幣**

我們將**增加**一詞拿掉會變成：

**美國國債 = 貨幣總量 = 全世界的貨幣**

因此美國債務的多寡，實際上就代表著全世界使用美元國家的貨幣總量，因為美元就是債務的生成！因此在 2020 年時，我一直都有提出一個觀念，我們的法定貨幣正面臨著大貶值的問題，以 2020 年為物價基準，2030 年至少會上漲一倍！

我 2020 年時對 2030 年物價的估計：

**保守來看（CBO 預算推算）**：2030 年時物價 2 倍，代表貨幣貶值 50%。

**我自己預估**：2030 年時物價 3 倍，代表貨幣貶值 66.6%。

那 CBO 預算如何推出美元貶值一半購買力呢？答案一樣就是計算國家收支赤字的數目，加總至 2030 年後跟 2020 年的債務差多少就知道了。

假設 2020 年美國政府債務是 20 兆，那到 2030 年累積到 40 兆美元債務時，等於全世界的貨幣總量膨脹了一倍。當貨幣膨脹一倍，自然貨幣就會貶值 50%，物價上漲一倍。如此單純！

2023 年 Q4 為 34 兆美元，將圖六十一的推估赤字加總後會形成圖六十二，2020 年初債務為 23.2 兆，到 2030 年底將是 46.6 兆，達到債務量兩倍，**美元必然貶值一倍的計畫**。然而千萬不要忘記了，2024 年的估計值從第一年就失準了！如前面所述，2024 年財政年將達到接近 2 兆，跟預估值直接落差 0.5 兆美元。

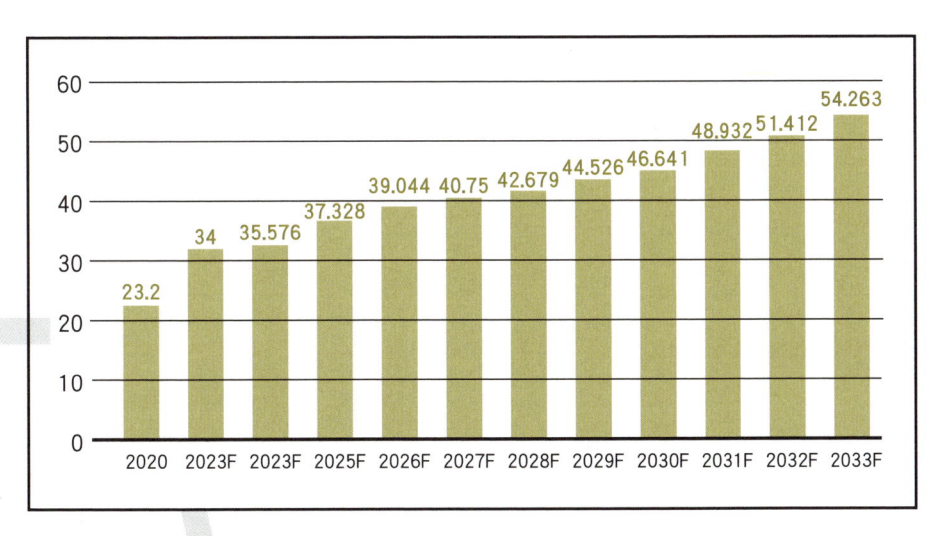

圖六十二：CBO 預算估計美國政府債務累計圖

資料來源：作者提供

那為何 CBO 的預算會失準呢？原因在於線性的思考和對於未來不正確的假設性判斷。在報告書內，CBO 認為未來我們將經歷**低通脹**和**沒有金融危機假設**的情境圖。

利率週期上升階段，主要原因在於央行要打通膨這件事情做升息。通膨越嚴重利率就會越高，這是央行控制貨幣政策一貫的邏輯。因此通脹不可能平穩化，利率總是會浮動，這是由於人類經濟行為導致的金融定律！

這時加上以下因子：

**1. 金融危機必然帶來更高 QE 化債務**
**2. 升息週期下只會有更高的利息支出**
**3. 成本推動型通脹傳導更加順利**

必然在 2030 年我們將看到超越 46 兆美元的債務，達到我估計的 69.6 兆美元債務。

問：如果你知道未來我們貨幣必然貶值一半代表物價上漲一倍，請問你會做什麼？

答：存資產而非存法定貨幣……

## ❯ 通脹傳導 ❮

這時我們明白了美國債務的增加實際上代表貨幣絕對的貶值，由於**貨幣生成來自債務**，存越多債務你就會被課徵更多鑄幣稅，相對的未來就會更窮。那通貨膨脹到底是怎麼發生的呢？答案就如同人類血液一樣，從心房打到末梢血管都是需要時間的。通脹的現象在被你看到時，跟血液已經到末梢微血管一樣，看到都是已經發酵的狀況，站著不動就已經被割韭菜了。

在接下來的十年我們將反覆面臨所謂成本推動型通脹的問題！

**成本推動型通貨膨脹**：是指因為**供應方面**的成本上升而導致物價普遍上漲的現象，無超額需求的情況下發生。

經濟學裡時常判斷供給和需求，成本推動型通貨膨脹就是需求面產生了問題導致，而需求面在未來主要會跟能源價格有很大的關係！2020 年的通貨膨脹模式就是屬於成本推動型，如圖六十三。

QE印鈔 ➡ 能源大漲 ➡ 生產成本推高 ➡ 零售端推高價格

圖六十三：2020 年成本推動通脹模式

資料來源：作者提供

事情的主因當然是因為政府赤字和 QE 導致的貨幣增發，貨幣增發後導致了能源的漲價，當用電用油更貴時，剛開始生產者會先自行吸收該漲幅，過了一段時間後，就會慢慢將漲幅傳導到零售消費端，形成我們所謂的通貨膨脹。傳導的時間常常會高達 1 年至 2 年以上，並非所謂印鈔物價立即暴漲的簡單思考。

細論通脹的模式你會發現，每當能源價格下跌後，物價並不會下跌。主要的原因在於**人力成本其他雜項成本的上揚**，取代了能源下跌的成本缺口，最終即使能源大跌，物價依然高掛在那。

結論：一開始的債務貨幣化的 QE 行動是第一槍，後面能源的上漲則是加速未來傳導到物價上揚的主要信號。看到 QE 實際上大家就要對未來的通貨膨脹（貨幣貶值）有所警覺。

## ▶ 三波通脹 ◀

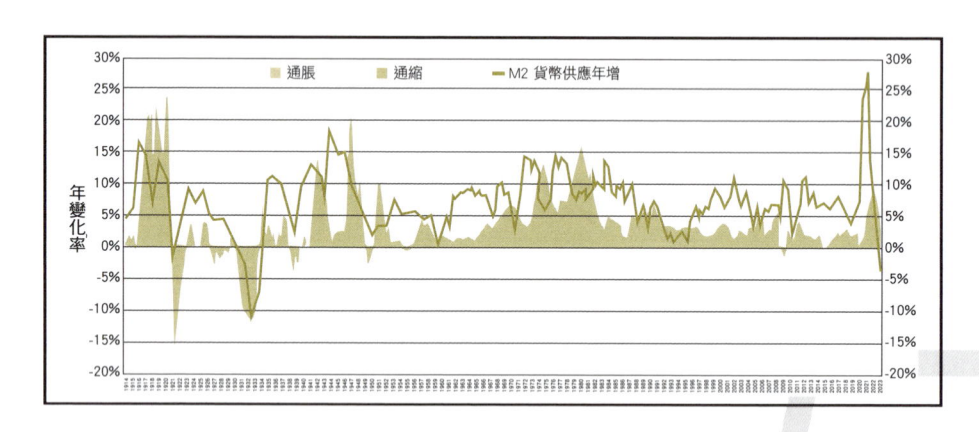

圖六十四：貨幣總量（M2）年增率＆物價指數（CPI）年增率

資料來源：維基百科

如圖六十四可以看到物價上漲的反應大多都在貨幣供應之後,在貨幣增加速度出現後,物價都會隨後展現出上揚的數據。而通脹也是類似週期式的移動,在圖中大家可以看到兩個重要的通脹週期:

### ① 1930 至 1950 年代:

在經歷 1929 年大崩盤後的貨幣擴張,當時聯準會開始發展其市場干預能力,實施政府帶動的赤字擴張模式導致的成本推動型通脹三波。如圖六十五:

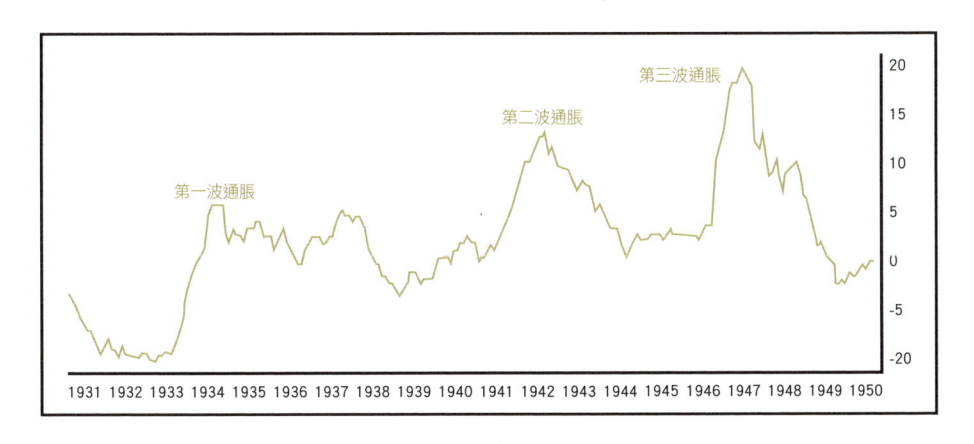

圖六十五:1930 至 1950 年代物價指數(CPI)年增率

資料來源:CRESCAT 報告

### ② 1970 至 1980 年代

當時在美元霸權擴張的第一次收縮期,持續的赤字美元輸出在各國經濟達到飽和後,產生了美元擴張的停滯期。這時為了讓美元再次擴張採取了**石油美元**政策和**產業轉移**(美國轉成高科技和金融創新加強),有效地讓 1980 後的通脹數據年增率下降。如圖六十六。

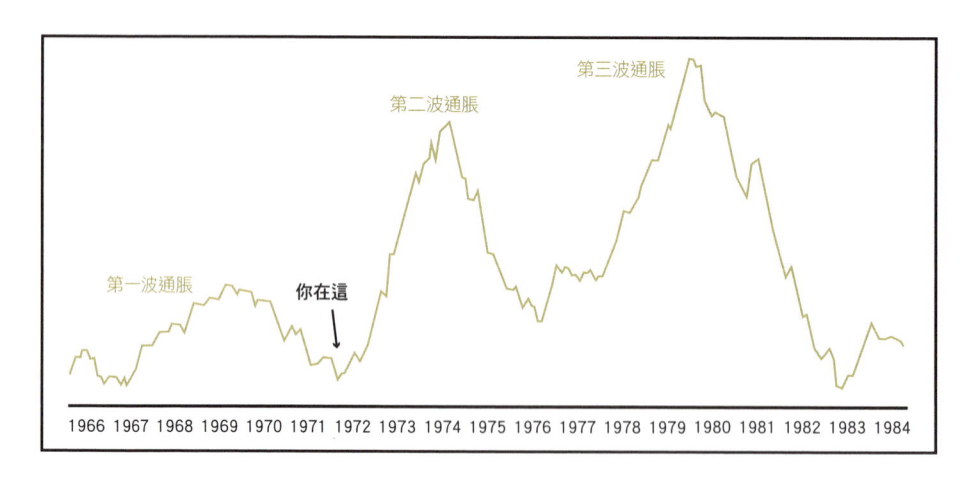

**圖六十六：1970 至 1980 年代物價指數（CPI）年增率**

資料來源：CRESCAT 報告

我們目前在 2020 年的第一波通脹後，和百年來前兩次三波通脹的第一波雷同。**而我們未來將經歷第二波、第三波通脹。**

這三波通脹的各自時期也代表一件事情：**這都是在前 40 年升息週期裡發生的。**

所以我在研究總體經濟時，非常重視所謂的**多重週期研究**，只有將彼此間會影響的週期多維度重疊起來，你才會更清楚目前的世界到底發生了什麼事，而我們究竟又在哪裡！

## 第四節

# 重複的總經環境

### ▶ 1970 至 1980 年代 ◀

貴金屬在過去 100 年裡有三大上漲週期，1929 至 1933 年，1970 至 1980 年，2000 年至現在。我們正處在第三波內（2000 年至現在），而 2011 後的貴金屬回調只是週期內的反彈，目前仍在第三週期內。

這三個週期都具有一個特色：

1. 貨幣體系不穩定
2. 地緣政治動盪
3. 關稅堡壘
4. 美元疆域收縮
5. 長期的升息週期末尾

但因為 1929 至 1933 年當時美國金本位狀態，持有美元跟持有黃金是一樣的（當時稱作美金），所以我們會將主要敘述放在 1966 至 1980 年代。目前遭遇的事情其實跟當初是非常相像的，另外在某些因子上是更惡化的，例如人口老化和貧富差距。

### ① 貨幣體系不穩定

請思考一個問題，大家都需要美元，而有人可以一直提供美元，不論多寡都可以給你，這時你會不會覺得好像有問題？因此主權

貨幣美元也存在所謂的**特里芬難題**（Triffin dilemma）。

特里芬難題是由一位由比利時裔美國經濟學家羅伯特・特里芬在 1960 年代提出。他提到，當外國想持有該國貨幣（全球儲備貨幣）時，該國必須願意提供額外貨幣供給，以滿足世界對於這個「儲備」貨幣的需求（外匯儲備），從而導致貿易赤字。

因此在 1960 年代，法國戴高樂總統率先提出要美國履約布列敦森林協定下的 35 美元兌 1oz 黃金。當我們擁有這麼多美元儲備時，美國是否同時也有相對應黃金儲備？

在當時時空背景下，美金這個詞開始備受挑戰，直到 1971 年尼克森切斷美元與黃金兌換的窗口（此時變成美元一詞），美國開始在 70 年代大幅增加美元貨幣供應，同時也產生了多次經濟危機。為了維繫美元的霸權，石油美元成為 1970 至 1980 年代最重要的貨幣綁定轉型。轉型的同時也付出相當大的代價：美元 10 年超發一倍多，物價 10 年上升一倍多。如圖六十七：

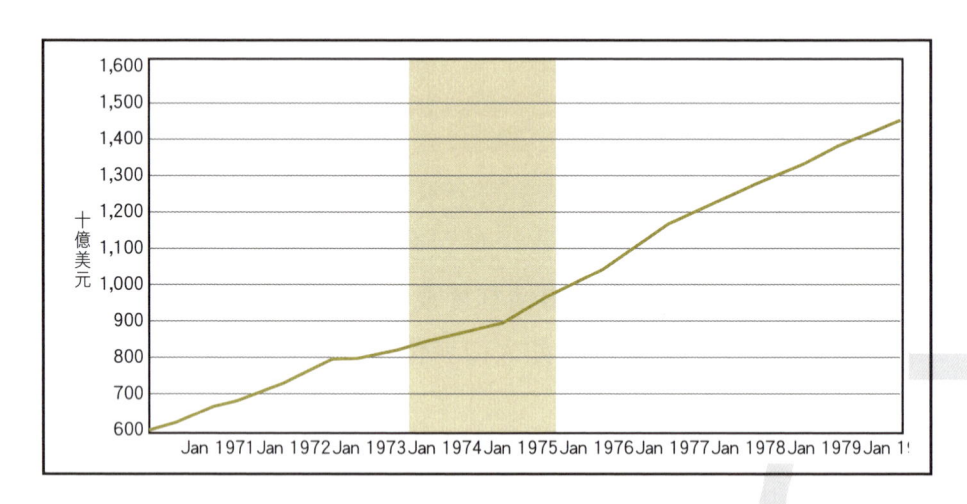

圖六十七：1970 至 1980 年 美國貨幣總量 M2 名目供應

資料來源：聯準會官網製圖

那現在呢？可以看到圖六十八為 2000 年後的美元供應達到了 24 年 5 倍的狀況，此時的貨幣系統也比當時需要更多稀奇古怪的美聯儲貨幣政策支援。現在比當初有更多名目貨幣援助和系統性漏洞，因此仔細看圖表在斜率（線圖傾斜陡峭程度）上，2020 年後呈現更陡峭的增加，說明了未來的貨幣系統：美元，必然會更不穩定。這時貴金屬就會發光，投資風險在這種環境背景下，就會進而降低。

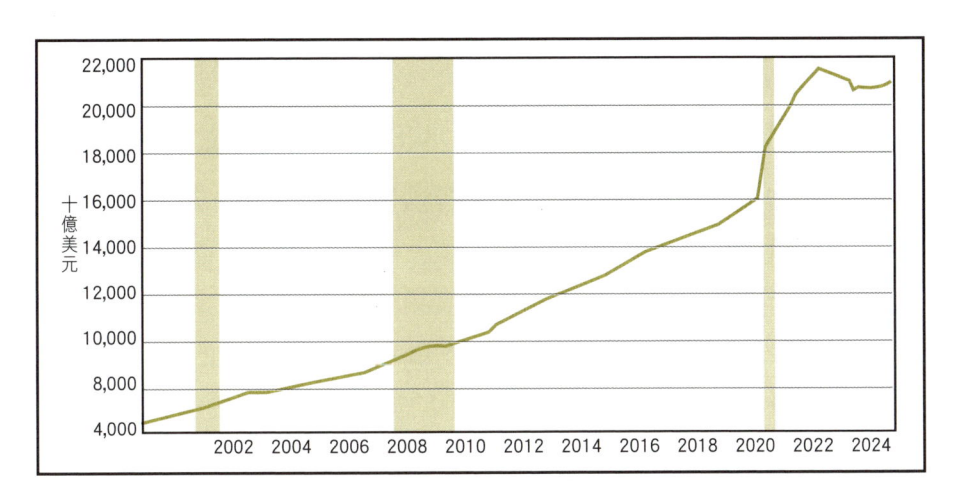

**圖六十八：2000 年後，美國貨幣總量 M2 名目供應**

資料來源：聯準會官網製圖

## ② 地緣政治動盪

當時因為原油長期被美國大型銀行家用期貨控制在低價，中東開始出現紛擾，要求原油應當調升價格，進而產生中東石油危機兩次戰爭。

第一次石油危機發生於西元 1973 年（民國 62 年），緣起於以色列在「贖罪日戰爭」擊敗敘利亞、埃及聯軍，OPEC（石油輸出國組織）則以石油禁運作為報復。

第二次石油危機發生於西元 1979 年（民國 68 年），伊朗與伊拉克的兩伊戰爭影響石油產出，使得原油價格再度攀升。

而戰爭通常都跟金錢做掛鉤，試想各國領導人無一不為自己的國家利益作打算。如果沒有利益何必打仗。因此當時的原油價格是最主要的問題所在。如果打仗可以讓油價調漲，對中東國家而言未嘗不是一筆巨大收入呢！而圖六十九則是顯示出當時原油的生產問題因為受到戰爭影響導致油價高漲。在供給減少下,石油價格自然提高！所以看到原油價格自 1.8 美元一桶到 1980 年代末期 36.83 美元一桶，漲幅十年高達 20.46 倍！也帶動所有物價上漲，貨幣變相貶值。

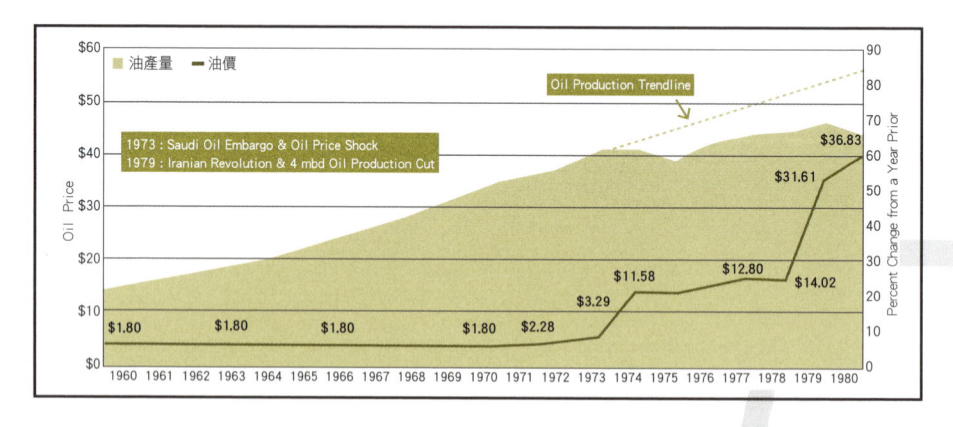

圖六十九：原油生產停滯與油價暴漲

資料來源：

時至今日的地緣政治動盪有：烏俄戰爭、以色列與周邊國家戰爭及葉門封鎖紅海。甚至最近連伊朗都試圖加入紛擾，時不時就演習。（有要調升油價的挑釁之舉！）

考慮到油價問題，這時又要把破除貨幣幻覺最好的工具拿出來，就是比率對除發現，如圖七十黃金對原油比率所示：

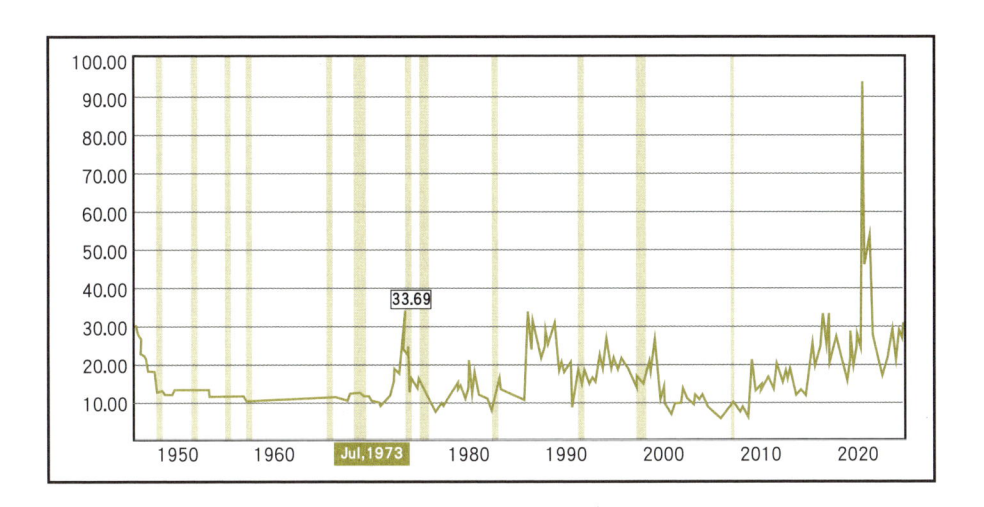

**圖七十：黃金對原油比率**

資料來源：Macrotrends 網頁

可以看到當時黃金兌原油比為 33.69 美元，在此圖表除了 2020 年的乖離值外（當時因為油價負值影響，該比率採用的是次月合約交割價格），可以理解目前的原油價格就跟當時爆發中東危機是類似的交換比率，代表原油價格極低……也顯示戰爭的可能性。另外在三次通脹週期內，皆是類似的成本推動型通脹，都是先由能源價格問題傳導的物價上漲模式。

### ③ 關稅堡壘

關稅壁壘是指用征收高額進口稅和各種進口附加稅的辦法，以限制和阻止外國商品進口的一種手段。在 70 至 80 年代雖然美國只針對日本做出大打擊，但現今的美國總統未來不論誰當選，都會將高關稅列為實際政策之一。原因在於當大家經濟都變差時，關稅堡壘會各自建立藩籬。反之當大家都合作愉快，自然會願意簽訂多降關稅的區域合作協議。因此未來經濟長期下行的狀況，只會讓各國領導人更在意自家產品的銷售狀況和他國的傾銷產品，導致反全球化。在貿易難度升高下，只會有更多成本的推升，進而導致嚴重成本推動型通貨膨脹其中推力之一的原因。

### ④ 美元疆域收縮

還記得三波通脹所呈現的 1970 至 1980 年代通脹波浪嗎？（前圖六十五）該通脹現象會產生前三點和預測完全取決於兩個重點：**貨幣供應和美元疆域**。

貨幣供應的增發是否會產生嚴重的通貨膨脹，取決於美元疆域的收縮。美元疆域一詞為使用美元的國家是否增加。是否有更多人使用（在此為了簡單說明，將每人視為消費同等數量的商品或服務）。以下用簡單比率來解釋：

| 年分 | 美元數量 | 使用人數 | 對除比率 |
|---|---|---|---|
| 1 | 100 | 100 | 1 |
| 2 | 120 | 150 | 0.8 |
| 3 | 150 | 150 | 1 |
| 4 | 175 | 155 | 1.13 |
| 5 | 200 | 160 | 1.25 |

表二十一:美元疆域舉例比率

資料來源:作者提供

如表二十一所示,第二年,對除比率下降,美元增加不如增加使用的人數,這時大家手上的美元購買力會增加,可以買到更多商品服務。而第三年開始比率升高代表美元增加超過使用人數,此時會造成貨幣貶值,只能買到更少商品服務,物價也會上升的狀態。

簡單解釋就是:

**美元疆域擴大,代表使用美元的人數增加。**
**美元疆域收縮,代表使用美元的人數減少。**

當全球化極致,美元疆域拓展到極大化無法再膨脹,2020 年之後的貨幣增發就會導致嚴重的通貨膨脹。這跟當時 1960 至 1970 年第一波通脹雷同,美元疆域當時達到一個瓶頸(沒有新的國家加入美元貿易體系)。在 1970 至 1980 年十年內建立的石油美元和亞洲四小龍之後的興起,再次讓美元疆域擴張,才結束 1980 年末的高通脹時代。

因此若沒有更多人進入美元圈，能源的問題最終就會在該時期影響通脹數據（CPI），形成了美元疆域的收縮，貨幣稀釋上遇阻，進而一點能源問題就會導致嚴重的成本推動型通脹。

那下一波美元疆域擴張會在非洲嗎？不，非洲實際上沒有強力經濟增漲動能。非洲本身具有許多國界政治問題。許多天然資源到目前仍是歐美列強的資本附屬，在此等狀況下，非洲是不可能真正處在一個相對安全穩定的金融發展環境。

目前全球化已達到極致，同時發生了美元疆域收縮的狀態！在**烏俄戰爭**後開始了分水嶺。2024 年後的金磚國家會議開始比以往更具有影響力，同時討論著新的超主權貨幣的狀況。美元將再次遇到如同 1960 年代戴高樂總統所懷疑的：美國背後是否具有足夠的黃金儲備？（因為金磚國家正在討論綁定新貨幣的議題）

### ⑤ 長期的升息週期末尾

據過去歷史圖，聯準會有效利率一度走到 22％，如圖七十一，當時通膨引發利率到如此之高，出現了某些著作認為美國已死等等言論。當時聯準會甚至一度發行了以馬克為幣別的債券，美元當時在如此利率下岌岌可危。但黃金白銀卻在這種利率週期下，出現爆炸式的上漲！且千萬不要忘記：**我們目前（2024 年）也在長波升息週期內**。歷史總是出奇地相似。

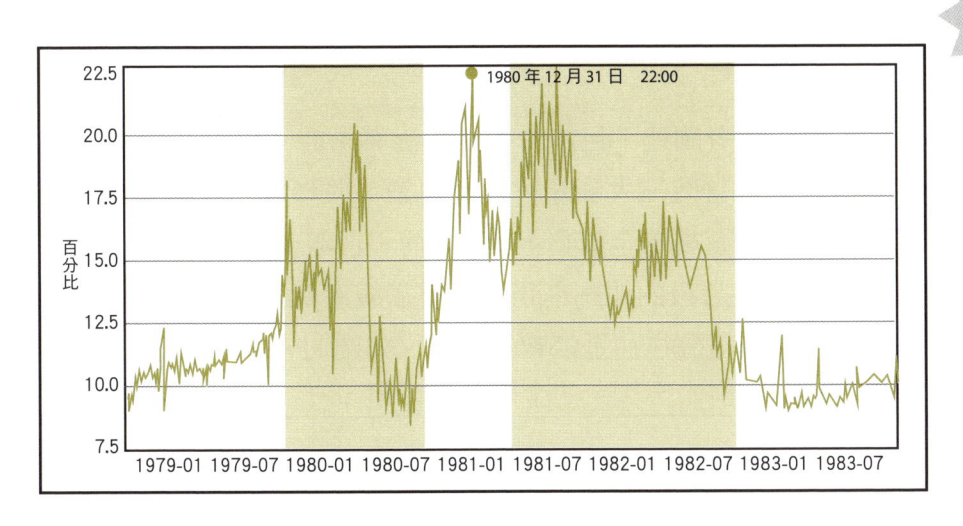

圖七十一：1980 年代 22%的歷史利率

資料來源：聯準會官網製圖

199

> 超級報酬率 <

至此已經向讀者闡述了目前的金融狀況與先前 1970 至 1980 年代出奇的相近。當時三大資產，黃金白銀、股票和房地產皆有不同的報酬。而貴金屬黃金價格上漲 24 倍，白銀 27 倍，股票 0，房地產 1 倍。史詩級的報酬率正是呈現了資產比率一旦來到均值以外，所得到的報酬往往是倍數計算的。如圖七十二：

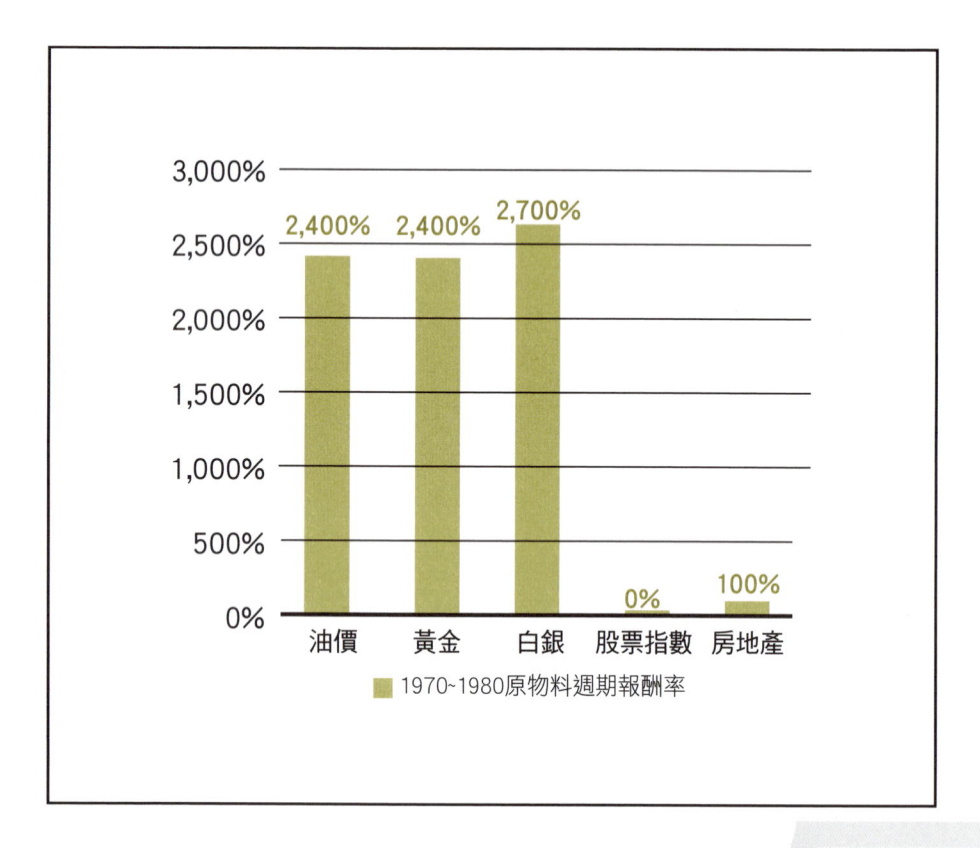

圖七十二：1970 至 1980 年代原物料週期報酬率

資料來源：作者提供

在這種環境下,目前 2024 年時的總經環境相對當時如出一轍,具有同等有利於貴金屬的環境和週期上的契合。此時大量投入黃金白銀長期投資確實是絕佳低風險高報酬機會。

試想在 2020 年後有哪一個投資機會能跟貴金屬比較呢?除了黃金白銀外,我不認為有其他如此巨大的機會!

## ▶ 用 Shadow Government Statistics 通膨數據取代 CPI ◀

Shadow Government Statistics(SGS)是一個提供經濟數據和分析的網站,主要聚焦於美國的通膨、失業率和其他經濟指標。該網站的創立者約翰・威廉斯(John Williams)認為,官方統計數據(如美國勞工部的 CPI)可能會因計算方法的變更而低估實際的經濟狀況。SGS 通膨測量,提供替代的 CPI 指數估計,根據 **1980 年之前的官方計算方法**進行,顯示通膨和生活成本的變化。

由於美國在 1980 年後大幅更動了統計標準。例如像房價當時上漲太嚴重了,改成用租金取代生活成本。如果吃不起牛排,也可以選擇漢堡之類的替代性選擇計算通膨數值。如圖七十三所示,SGS 按照先前標準,實際上目前的通貨膨脹是官方數值 2 倍。如此巨大的生活成本增長和鑄幣稅(貨幣貶值)收割,讓一般存錢的受薪階級日子越來越苦。

(CPI-U 為官方統計通膨數據,SGS 為 1980 年代基準通膨數據)

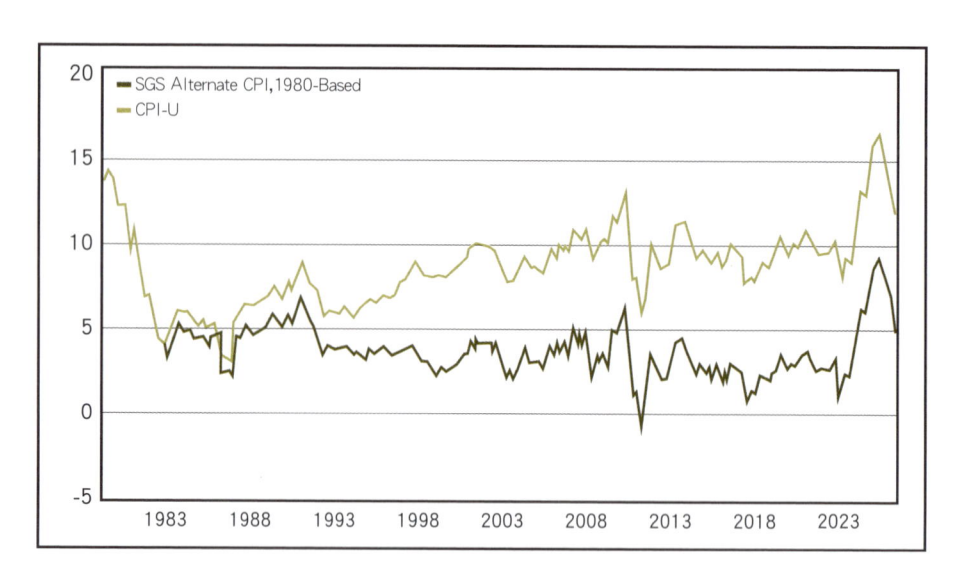

圖七十三：SGS 和官方 CPI-U 的數值圖

資料來源：SGS 統計網站

再利用 SGS 通脹數值回推真實的黃金白銀價格則會呈現不同的圖表內容。圖七十四上圖為黃金名目美元價格，下圖為經過 SGS 調整的黃金回推價值。

透過 SGS 通脹數據調整後的黃金價值，在 1980 年代的黃金調整後相當現在 2024 年 29,170 美元一盎司金價。

**透過真實的通脹調整後，資產的價值就顯現了。**

看到這個圖你應該就能理解，為何央行會選擇在 2,000 美元以上大力購買黃金？在央行裡工作的絕對都是金融頂尖人士，如果他們買在 2,000 美元是韭菜，散戶是天才，這世界還有啥規律可言😂，好比豬吃了老虎，獅子去吃素一樣。

可見黃金目前實際上太過便宜，在央行人士眼裡，他們看的是價值，懂得回推貨幣價值。想當初我在財經系其中一堂課就是計算

FV（Future Value）和 PV（Present Value）。FV 代表計算未來價值，PV 計算折現之後的現值，為透過計算過去利率成本計算某一個時間的貨幣價值的課程。

當時我就有個疑問，為何我們總是有利率，為何貨幣會有這種現值和未來值？如果貨幣可以保存我們購買力，那又何來通膨之說？而答案正是貨幣年年增發的收割是必然徵歛，因此貨幣是具有不同時間的不同價值。普羅大眾即使學會計算也很難理解，本身就是這種徵歛制度產生的利率，必然的日復一日收割你我勞動價值的體系。

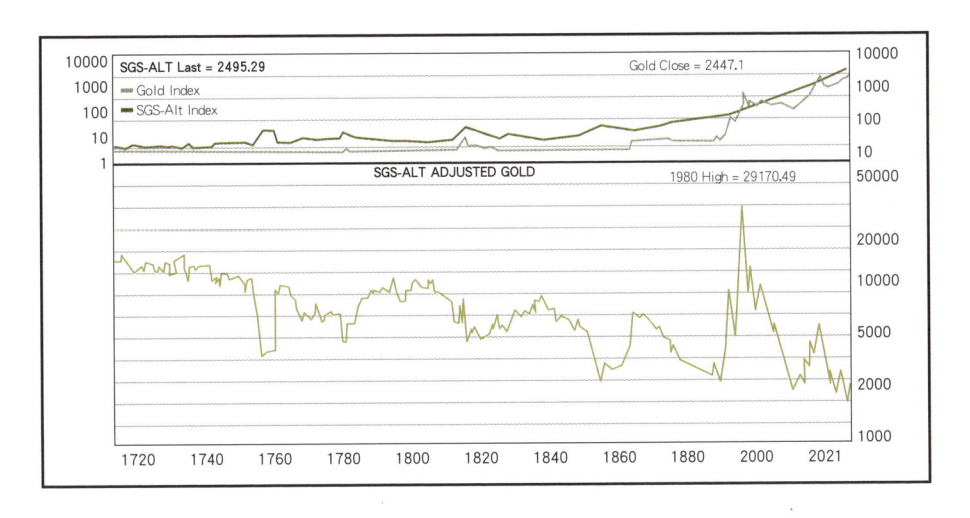

圖七十四：SGS 調整後的黃金價值圖

資料來源：goldchartsrus.com

那白銀呢？如圖七十五顯示 1980 年代高點回推白銀在 2024 年價值為 1,349 美元一盎司。是真實的四位數白銀價值曾經發生過。

每當我告訴一些朋友或是社群成員白銀具有四位數美元名目價格的潛力，此時在白銀 20 幾美元顯得實在沒有太多說服力。但市場總會有它的規律，只要過程中我做好我該做的事情，遲早一天我們會見證奇蹟：**四位數以上的白銀價格。**

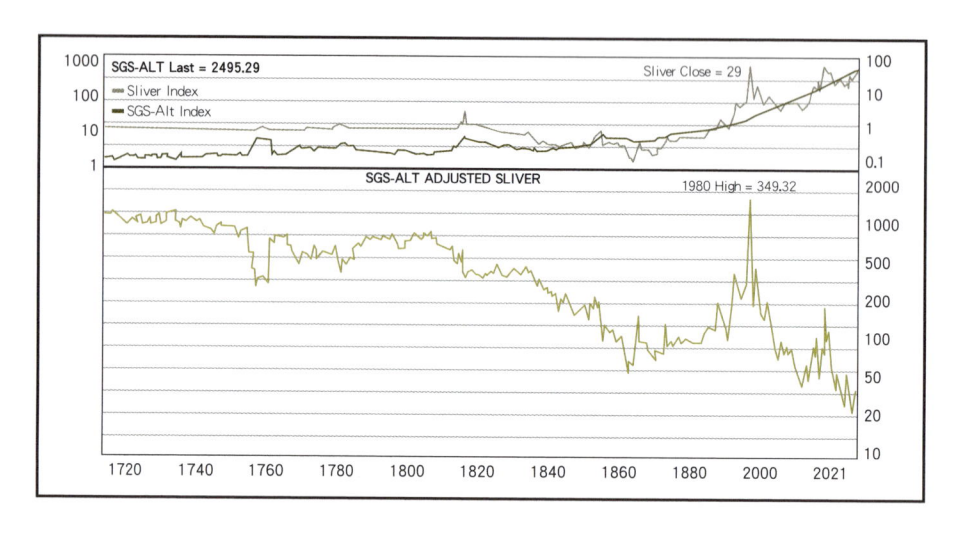

圖七十五：SGS 調整後的白銀價值圖

資料來源：goldchartsrus.com

第 5 課：貨幣需求：為什麼錢的貶值成定局

# 6

# 第 6 課

# 我的交易哲學：
## 在交易中求進步

## 第一節
# 心理素質

> **只要開始就會慢慢變厲害** <

大學後段時期我就有接觸了衍生性金融商品，初學期貨選擇權讓我很快地在三個月內領到畢業證書。而後 2009 年因緣際會到了自營部見識到專職交易團隊一面。而這次機會讓我大開眼界。

當我在大學射箭社練習時，我們曾經請過一個甲組選手當教練，那時也讓我們明白了專職和兼職的差異。即便我們擁有最好的裝備，也很難跟職業級的甲組選手相抗衡。而自營部和散戶的差異，實際上就是運動場上甲組和乙組的差異。

試想投資證券類商品時，你總是不曾看到你的交易對手。他是誰？為何賣出？賣給你時是否賠錢？諸如此類的問題在數位交易上，都看不到。也因為這樣一般人很難在交易上學習。可是在黃金白銀實體投資上，很容易知道你的交易對手。我看過很多奇怪的原因想賤賣手上的金銀，這也讓我學習了很多交易者心理。

**實際上交易者心理在坊間會是最難理解的一門課。**

舉例來說，我們在練習時和實際比賽有個很大的差異在於**心理素質**。練習時完全沒有緊張感，比賽時緊張到連自己的心跳都聽得到，投資實際上也需要相對應的心理素質。在關鍵的時候，才能

做出正確的判斷！

問：那投資的心理素質需要怎麼磨練呢？

答：過程中的磨練和歷史的回推很重要。

## ▶ 記住歷史的教訓 ◀

我曾經在投資房地產的過程中看過數十次的談價，透過實戰的談價，讓我很快速的在每場價格談判中進入狀況，從一開始想到談價格就會全身發抖，到最後老神在在地談價格，過程中都是每場每場慢慢來。為此我很喜歡某人說過的一句話：

**「你不用很厲害才開始，現在開始就會慢慢變厲害！」**

藉此鼓勵許多在此時看到我一些累積的新手或是夥伴們，所有的努力都是每天努力一點做成的！

我們每天關注市場，在貴金屬市場曾經有過兩次缺貨。

**2020 年 4 月 17 日全球代理商溢價上揚：**當時由於 COVID-19，白銀市場崩跌，在期貨跌到 11.67 時，我前一晚看到白銀是 600 元一盎司，隔天變成 700 元。如表二十二，當下覺得十分驚訝！原來實體白銀會因為有限的關係，即使期貨下殺到無法無天，實體依然有其地板價！而後開始大大研究白銀，創立白銀線上 YT 頻道。

|  |  | 台幣銀價 | 1OZ 銀幣或銀章 | 10oz 銀條 | TRUNEY 1KG | % 銀幣溢價 | %10oz 溢價 | %1KG 溢價 |
|---|---|---|---|---|---|---|---|---|
| 2019 2020 暴跌 | 10月1日 | 534 | 631 |  |  | 18.16% |  |  |
|  | 3月24日 | 533 | 624 |  |  | 17.07% |  |  |
|  | 4月9日 | 462 | 622 |  |  | 34.63% |  |  |
|  | 4月17日 | 453 | 800 |  | 17,832 | 76.60% |  | 22.44% |

表二十二：2020 年溢價暴漲

資料來源：作者提供

**2022 年 10 月 21 日缺貨高潮**：當時白銀普製幣一度達到 39.09%，因為全球瘋狂購買，導致實體的白銀溢價高漲，我居然又再次見證歷史，實體和期貨短暫的溢價打開，又讓我明白到因為實體有限的因素，當大家都需要實體白銀時，溢價上是有可能大幅打開並產生市場白熱化購買狀態。如表二十三，為當時 2022 年紀錄的實體溢價。

|  |  | 台幣銀價 | 1OZ 銀幣或銀章 | 10oz 銀條 | TRUNEY 1KG | % 銀幣溢價 | %10oz 溢價 | %1KG 溢價 |
|---|---|---|---|---|---|---|---|---|
| 缺貨高潮 | 10月20日 | 595 | 827 | 7,266 | 20,946 | 38.99% | 22.12% | 9.50% |
|  | 10月21日 | 591 | 822 | 7,216 | 20,794 | 39.09% | 22.10% | 9.44% |
|  | 10月22日 | 622 | 857 | 7,566 | 21,939 | 37.78% | 21.64% | 9.71% |
|  | 10月24日 | 621 | 850 | 7,490 | 21,727 | 36.88% | 20.61% | 8.82% |

表二十三：2022 年溢價暴漲

資料來源：作者提供

兩次的實體經驗讓我大開眼界！要知道在 2020 年以前，白銀市場即使在 2011 年也未曾有過如此乖離的現象，這也讓我更確定目前白銀確實太便宜，未來還會有更多缺貨潮！

這些歷史卻不一定是每個白銀投資者都知道的，因為也不是每個人都像我一樣每天關注市場動態並和跟各行各業的人交易。所以過程上市場的經驗和磨練上一定有其差異。試想有誰會像我一樣記錄著長達 3 年以來的實體溢價呢？這也是每每我跟很多自稱投資白銀很久的人聊天，卻發現其基礎的辭彙都不懂的尷尬窘境。我就知道這個人只是持有白銀，自身是沒有在過程中努力進步的。

一個人一天的精力會消耗在有限的事情上，因此在投資上如果想要過程中取得磨練：**每日關注經濟和自身投資非常重要！**

更重要的是：**將雞蛋放在一個籃子裡。**

把投資當成結婚，一次交往一個，耐心的經營感情達到婚姻。試想為何我開發了沙漏策略呢？在婚姻上，不是 1＋1＝2，是 0.5＋0.5＝1。只有包容了人性彼此的缺陷，婚姻才會幸福，投資才會順利。

所以在投資上有個智慧：不要強求完美的投資（婚姻），而是要踏實的確保投資收穫（婚姻穩定）。

比率上我們可以發現有些時候資產的價格會高估，有時候會被低估。當下是黃金白銀被低估，股市房地產被高估。但不知大家是否有去思考過，當一切逆轉時，你會選擇投入股市或是房地產嗎？試想一般民眾都被教育了驢子紅蘿蔔的邏輯，只有先思考價格再思考事物的緣由，導致價格上的先入為主。這時白銀變得異常貴，房地產股市相對異常便宜，那你當下還願意交換嗎？

再試想極端一點，民國 38 年四萬換一元，經過急遽的惡性通膨後，迎來的是極劇的通貨緊縮，因為百姓們被惡性通膨收割後，大家普遍赤貧，生產百廢待興，一切從頭來過，當時房地產報酬一定不是人人稱羨的好資產，甚至有 1 個銀元寶換一條街的房子故事。

那我們將該交換想的簡單一點，10 盎司換一間房子。等於現在一間房子假設 1,000 萬，10 盎司可以換一間 1,000 萬的房子，等於一盎司就是 100 萬，如同白銀相形房地產就是垃圾，回到現在房子換白銀一樣，白銀就像垃圾價格……因此當交換比率出現價值轉換時，你會願意換嗎？

當 2011 年你知道金銀比一度來到 31 時，你會願意將昂貴的白銀換成黃金或股票或是房地產嗎？

當你 2011 年經歷過金銀比 31 時，下次又到金銀比 30 至 40 附近，你是否還會持續持有呢？（如圖七十六）

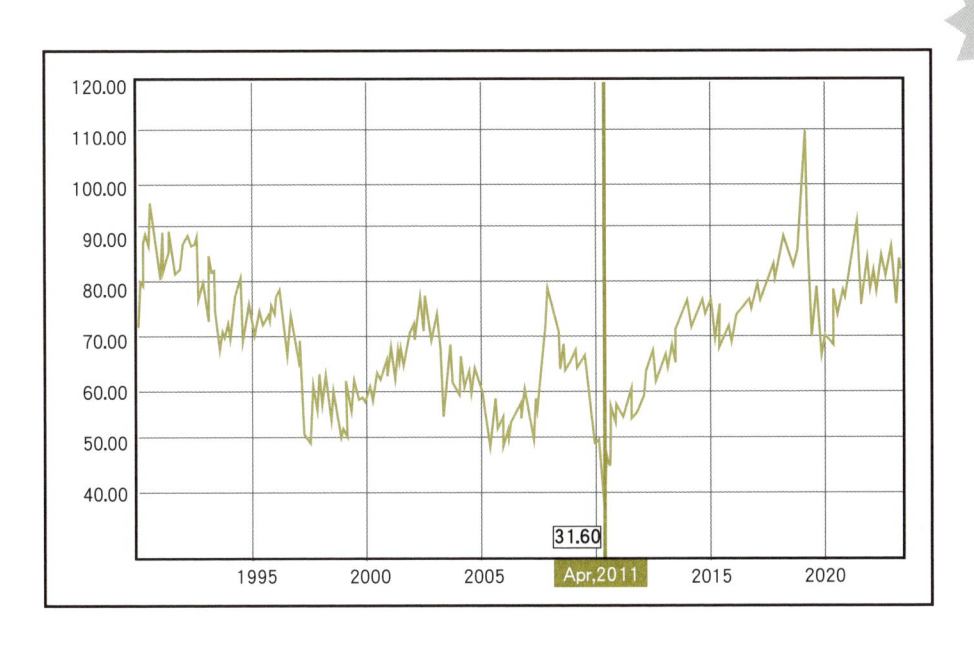

圖七十六：2011 年 8 月金銀比數值 31.6

資料來源：Microtrends 網頁

一切的問題最後會發現，你策略都擬定好時，當以上狀況發生後，人性會使然更動，這也是我認為只有少數人真正能在這個趨勢大賺錢的原因。

只有盡量推理足夠多的劇本，盡可能在各種狀況下先行思考，才能在未來準備的相較他人充分。否則當惡性通脹又換回**新新台幣**後，最後仍不免被大割特割一波。

## 第二節

# 投資哲學

### ❯ 王永慶四房論 ❮

大家都知道王永慶曾經是台灣超級有錢人，但也知道他是從一間米店開始起家的。實際上就是奉行了所謂雞蛋只放一個籃子的理論。有錢人都是先從一個資產起步，有賺錢了才往其他資產挺進，久而久之就形成了他的資產版圖。

而這也是我在觀察其他有錢人的經驗：如果要大量投資不同領域的資產，就需要大量現金流。前提就是要先創造一個金雞母來幫助他不斷試錯。因此投資上集中火力只攻一點相當重要，而窮人都是分散精力在眾多投資商品裡，產生了一個嚴重錯覺：**安全**。

經驗則告訴我，**看起來越是安全簡單的投資，實際上都蘊藏了更多的風險**。

在該資產真正獲利或創造現金流之前，集中在一處專心照料好，在未來該資產已經處在**利潤能照顧自己**的狀態下，再去搞二房三房才是真正明智的決定。

## ▶ 控制論 ◀

在理解該觀念前，我曾經是一個屢戰屢敗的投資者。或是說在德州撲克桌上搞不清楚魚是誰的人（自己才是魚）。德州撲克賽場上，看似每個人都是公平機率的獲勝狀況，但經過幾回合後，總是會有特定的人士出線。這時搞清楚自己的能力和是否自己就是那條魚（輸家），非常重要！

從射箭經驗告訴我，努力可以控制結局，只要夠努力就可以拚到一個令人滿意的結果。這種遊戲放到投資上才是我們該玩的，而不是淪落撲克桌上連自己都是魚卻渾然不知的狀況。

那如何分辨這個遊戲，你是不是具有控制力呢？實際上經常使用的方式就是你如果使用槓桿你也能放心投資，那這種遊戲大多都是由你掌控的遊戲。

比如房地產我就很喜歡使用負債，讓該資產充滿貸款，自己就可以盡可能地減少本金的支出，進而讓房客他們負擔貸款的每月本利和，創造所謂的資產無限報酬率。但討論到股票幾乎大家會覺得這樣做風險很高，為何？因為他們心裡都很清楚，投資一個自己也不能控制結果的標的，誰敢開槓桿且睡個好覺！結果就是分散很多標的和心力，結果到底有沒有賺大錢，從一開始就決定了結果。

研究到後來發現有錢人的思維往往跟散戶是天差地別，有錢人持有資產，並努力取得更多控制權降低風險，窮人則是專注在分散風險追求安全，卻不夠努力拿回控制權，如圖七十七。

**更多控制權 ＝ 更低風險 ＝ 更努力的學習和挑戰**

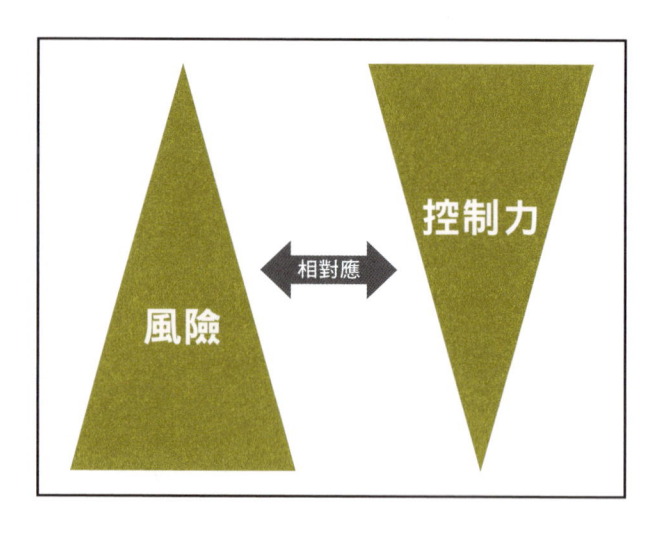

圖七十七：風險相對控制力圖

資料來源：作者提供

## ▶ 真實購買力 ◀

在有錢人的世界，他們持有資產，窮人的世界則是專注在多少的法幣，這也是為何新聞媒體很喜歡報導退休到底該準備多少？如圖七十八去年國泰報告裡認為該存 1,431 萬。這個值在未來，任誰經歷了 2020 年後的高通膨後，我相信還是有疑問的。

▶臺灣人的退休觀
- 臺灣人認為至少要準備 1,431 萬才可以安心退休
- 10% 臺灣人對退休金準備沒概念
- 臺灣人認為退休後每月生活費約需要 5 萬
- 45-64 歲臺灣人中約有 15% 能提早退休

*提早退休定義：45-54歲且預計五年內 / 已退休者及55-64歲且已退休者

圖七十八：台灣人的退休觀

資料來源：國泰《2023 台灣全民財務健康關鍵報告》

在二十年前退休每月 5 萬可能一年可以出國 3 至 4 次，現在每個月 5 萬可能一年只能出國一次，最後再經過 10 年，5 萬變成一個貧窮線。此時討論退休的台幣數字，你就會發現一點意義也沒有。

這也是每當我在跟朋友聊天時最難有交集的地方：資產比率還是法幣價格？

千萬不要忘記，我們目前的世界是建立在法幣每天都在增加的狀況，會建議大家可以購買美國國債鐘的 app 軟體，如圖七十九。該軟體實際上才 1 美元左右。裡面有即時的美國負債比和目前美國的債務增加速度與數值。每隔一段時間我就會打開來看最近美國國債又增加了多少，進而有空會去翻閱美國每月預算報告。

圖七十九：美國國債鐘付費軟體

資料來源：GOOGLE PLAY

該軟體顯示了目前債務增加的狀況，同等世界貨幣增加的速度。每日貨幣都在貶值，用一個一直貶值的衡量財富和一切事物的基準（美元），在時間拉長後，往往都會失真。

這也是在討論財富或投資上的難處：

**窮人看法幣數值**
**有錢人重視的擁有那些資產**

因為貨幣必然貶值論，真實財富的衡量是你有多少的資產，可以吃幾碗麵，買多少實質的商品，而非今天你有多少的法幣，該準備多少台幣才能退休等等…

有錢人都努力控制旗下資產，在獲得金雞母後不容易換手，窮人則是會在貨幣貶值過程中不斷進行**頻繁**買進賣出的動作，每次賣出後隔一段時間發現該項資產又因貨幣貶值上漲。這樣在貨幣貶值過程中，每次價差的利潤還要扣除跟政府的稅務抽成，最後會發現過程中很難累積真正的財富，更不要說懂得衡量財富的定義。因此**將目標設定在獲得資產**就是邁向真正有錢人的目標。長期下來，是資產讓我們的勞動所得保值，而非法幣！

# 第三節

# 下一段旅程

## ❯ 財富週期 ❮

財富週期最早理解是從麥克・馬隆尼 2011 年的影片得知，到目前為止仍然是驚為天人的學說。在資產交換比率週期裡，每個週期常常長達 10 年以上，以道金比而言，一百年來走第三波，代表一個週期至少都有 30 年以上，再將週期分半也會有 15 年。

可以說前 15 年在道金比是先買道瓊工業指數，後 15 年持有黃金！長達三十年就佔一個人投資一半的時間（假設 20 歲開始投資，活到 80 歲）！

那如果我們細想道金比週期剛好自 20 歲經歷兩次，所計算出的財富就會非常可觀可怕。因此在財富週期裡，實際上真正需要做資產轉換一輩子可能就只有 2 至 3 次。

## ❯ 再次交換 ❮

當道金比再次下降到 2 時,我們都要試著再跳脫到另一個資產,這其中的難度我認為非常大。因為道金比週期的交換長達 15 年,當這次出現交換時間時,如此的狀況也是我們不曾經歷過的(雖然數據上已經顯示策略滿足點)!

1980 年代在高通脹末尾時,試想高達 15% 的通脹數據,那是我們已經先知道後來數據的下降發展,但當下的投資者正常來說不會認為通脹數據未來會下降。

1980 年代投資者面臨:

1. 極高利率
2. 極混亂的物價波動與極高通脹數據
3. 美元滅亡論
4. 股市與房地產崩盤
5. 黃金白銀創新高
6. **負債比達到 40%**
7. **人口青壯年多**
8. **美元主權貨幣週期 36 年**

試想當下的你會將黃金白銀轉入股市或房地產?

假設 2030 年道金比來到數值 2,我們遇到:

1. 極高利率
2. 極混亂的物價波動與極高通脹數據
3. 美元滅亡論
4. 股市與房地產崩盤
5. 黃金白銀創新高

6. 負債比達到 150％
7. 人口少子化高齡化
8. 美元主權貨幣週期末尾 90 年

當下的你會將黃金白銀轉入股市或房地產？

### ▶ 超主權儲備貨幣變更 ◀

1944 年布列敦森林制度奠定了美元霸權的起始，全世界開始圍繞著美國開始了美元金本位。在美元之前的超主權儲備貨幣為英鎊，但英鎊自二次世界大戰到現在相對美元貶值了 75％。

在失去超主權儲備貨幣的角色後，英鎊自然會相對美元產生競貶的狀態。如圖八十。英鎊對美元匯率在二戰後急轉直下，如果我們說美元自從 1913 年已經貶值剩下當時的千分之八，那英鎊多貶值 75％，實際上英鎊只剩千分之二阿！

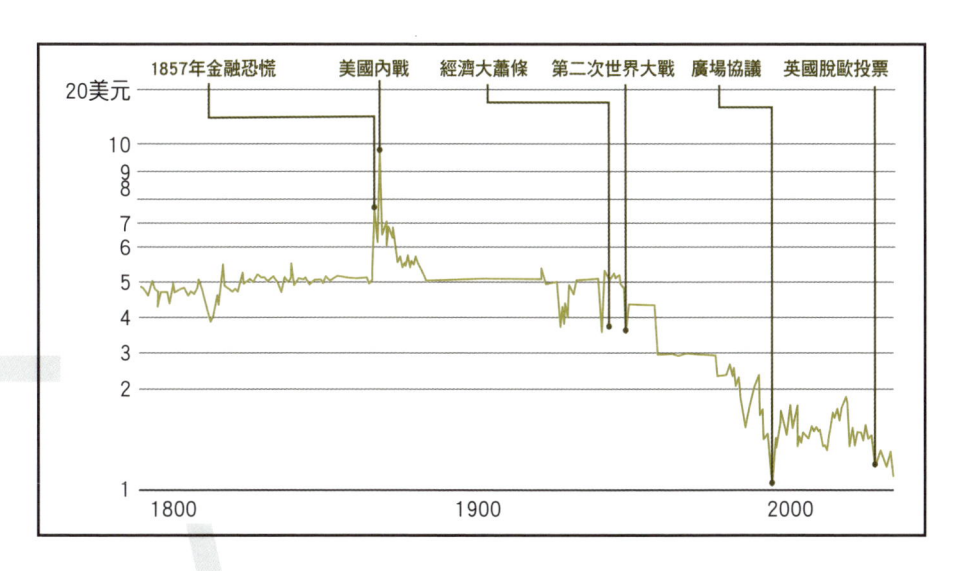

圖八十：兩百年來英鎊兌美元匯率

資料來源：《華爾街日報》

所以在超主權儲備貨幣的更變中，一定要注意法幣價值可能大重置，如民國三十八年四萬換一元的狀況！那如果在道金比第三波後出現該狀況，切記身上都最好保存一些貴金屬以防萬一。

要記得未來的狀況會是多變的，在每次超主權儲備貨幣的更變時，都必定會出現戰爭和特定重大事件。我們正在繁榮的末端，接著而來就是破壞。分久必合，合久必分。和平不是天然的，還是在流血和鬥爭中得到的。

# 結語

在我花了每天至少半小時，連續 1 個月耗時撰稿寫出以上內容後，本書仍無法將這四年來的研究盡數詳述。自 2020 年認識到總經環境的大改變後，沒有一天我是完全忘記黃金白銀這件事情。有時也覺得自己是不是強迫症還是生病，但真的就是對這份投資有驚人的熱忱。

真的感謝一路上遇到形形色色的散戶和現在變成好友的資深投資者。我得說時至今日可以研究這麼多，在有一份正職工作的狀況下，回家零碎的時間與大家編織而成的成就，實屬不易。

最後也謹記本書的重點除了投資黃金白銀外，重點在於突破貨幣幻覺！貨幣幻覺是底層人被教育的幻覺，如果想輕鬆致富，一定要先搞清楚法幣的數量不是決定財富的關鍵，真實購買力的增長才是！

2024 年 9 月 19 撰稿完成

# 台灣廣廈 國際出版集團
**Taiwan Mansion International Group**

國家圖書館出版品預行編目（CIP）資料

貴金屬領航：實體黃金與白銀在通膨週期中的策略 / 連尉宏 著,
-- 初版. -- 新北市：財經傳訊, 2024.11
　面；　公分. --（view；75）
ISBN 978-626-7197-77-6（平裝）
1.CST:貴重金屬 2.CST:投資

563.5　　　　　　　　　　　　　　　　　　113015478

## 財經傳訊
TIME & MONEY

## 貴金屬領航：
### 實體黃金與白銀在通膨週期中的策略

| 作　　　者／連尉宏 | 編輯中心／第五編輯室 |
|---|---|
| | 編 輯 長／方宗廉 |
| | 責任編輯／謝家柔 |
| | 封面設計／張天薪 |
| | 製版・印刷・裝訂／東豪・弼聖・秉成 |

| **行企研發中心總監**／陳冠蒨 | **線上學習中心總監**／陳冠蒨 |
|---|---|
| **媒體公關組**／陳柔彣 | **數位營運組**／顏佑婷 |
| **綜合業務組**／何欣穎 | **企製開發組**／江季珊、張哲剛 |

**發 行 人**／江媛珍
**法 律 顧 問**／第一國際法律事務所 余淑杏律師・北辰著作權事務所 蕭雄淋律師
**出　　　版**／台灣廣廈有聲圖書有限公司
　　　　　　　地址：新北市235中和區中山路二段359巷7號2樓
　　　　　　　電話：（886）2-2225-5777・傳真：（886）2-2225-8052

**代理印務・全球總經銷**／知遠文化事業有限公司
　　　　　　　　　　　地址：新北市222深坑區北深路三段155巷25號5樓
　　　　　　　　　　　電話：（886）2-2664-8800・傳真：（886）2-2664-8801
**郵 政 劃 撥**／劃撥帳號：18836722
　　　　　　　劃撥戶名：知遠文化事業有限公司（※單次購書金額未達1000元，請另付70元郵資。）

■出版日期：2024年11月
ISBN：978-626-7197-77-6　　版權所有，未經同意不得重製、轉載、翻印。